"新时代新思想标识性概念"丛书编委会

— 新时代新思想标识性概念丛书 —

中国社会科学院马克思主义理论创新智库

弘扬全人类共同价值

张建云◎著

人民日报出版社

北京

图书在版编目（CIP）数据

弘扬全人类共同价值 / 张建云著 . -- 北京：人民
日报出版社 , 2024.7
　　ISBN 978-7-5115-7786-3

　　Ⅰ . ①弘… Ⅱ . ①张… Ⅲ . ①社会主义民主—研究—
中国②自由—研究—中国③人权—研究—中国 Ⅳ .
① D62 ② D081

中国国家版本馆 CIP 数据核字（2023）第 070646 号

书　　名：弘扬全人类共同价值
　　　　　HONGYANG QUANRENLEI GONGTONG JIAZHI
作　　者：张建云

出 版 人：刘华新
策 划 人：欧阳辉
责任编辑：周海燕　孙　祺
装帧设计：元泰书装

出版发行：人民日报出版社
社　　址：北京金台西路 2 号
邮政编码：100733
发行热线：（010）65369509　65369512　65363531　65363528
邮购热线：（010）65369530　65363527
编辑热线：（010）65369518
网　　址：www.peopledailypress.com
经　　销：新华书店
印　　刷：大厂回族自治县彩虹印刷有限公司
法律顾问：北京科宇律师事务所　（010）83622312

开　　本：710mm×1000mm　1/16
字　　数：160 千字
印　　张：12.5
版　　次：2024 年 8 月第 1 版
印　　次：2024 年 8 月第 1 次印刷

书　　号：ISBN 978-7-5115-7786-3
定　　价：48.00 元

前　言

　　习近平总书记在哲学社会科学工作座谈会上的重要讲话中，对我国哲学社会科学发展状况进行分析时明确指出："我国是哲学社会科学大国，研究队伍、论文数量、政府投入等在世界上都是排在前面的，但目前在学术命题、学术思想、学术观点、学术标准、学术话语上的能力和水平同我国综合国力和国际地位还不太相称。"同时强调，要着力构建中国特色哲学社会科学。构建中国特色哲学社会科学，基础在建构学科体系、学术体系、话语体系，关键在构建话语体系，核心在提炼标识性概念和范畴。只有从中国革命、建设、改革的伟大实践中提炼出标识性概念和范畴，才能形成自己的话语和话语体系；只有构建了一套系统科学的话语体系，才能建构好相应的学科体系与学术体系；只有建构好了学科体系、学术体系、话语体系，才能构建好体现中国特色、中国风格、中国气派的中国特色哲学社会科学。

　　概念与学科建构、理论发展之间密切相关，犹如细胞与生命一样的关系。标识性概念的缺乏或不成体系，科学理论难以形成，学科体系也无从建设。标识性概念既是中国特色哲学社会科学发展的基础，更是我们党的理论成熟的标志。概念在实践中的指向越具体，它所支撑起来的理论大厦就越具有彻底性，理论就越有解释力。马克思主义认识论认为，一个成熟概念的提出是理论创新从抽象到具体的必经阶段。也就是说，理论创新首先要提炼概念或概念创新。只有当不断提炼的概念得到认识与认可，它才有生命力，进而才能使理论明晰而实现逻辑化、系统化和科学化。

虽说我们在解读中国实践、构建中国理论上最有发言权，但因我们能得到国内外认同的标识性概念和范畴还有所缺失且不成体系，致使我国哲学社会科学在国际上的声音还比较小，还处于有理说不出、说了传不开的境地。要善于提炼标识性概念，打造易于为国际社会所理解和接受的新概念、新范畴、新表述，这是构建我们的话语体系乃至学科体系和学术体系的当务之急。

我们党在革命、建设、改革取得辉煌成就的伟大实践中，依循着人类社会发展规律，顺应着时代特征，充分发挥创新能力，在理论上相继创立了毛泽东思想、邓小平理论，形成了"三个代表"重要思想、科学发展观，同时提炼出许多支撑这些理论的标识性概念。进入新时代，习近平同志对关系新时代党和国家事业发展的一系列重大理论和实践问题进行了深邃思考和科学判断，就新时代坚持和发展什么样的中国特色社会主义、怎样坚持和发展中国特色社会主义，建设什么样的社会主义现代化强国、怎样建设社会主义现代化强国，建设什么样的长期执政的马克思主义政党、怎样建设长期执政的马克思主义政党等重大时代课题，提出一系列原创性的治国理政新理念新思想新战略，是习近平新时代中国特色社会主义思想的主要创立者。党的十八大以来提出了许多新的符合时代特征的标识性概念，这些概念因其科学性不仅成为习近平新时代中国特色社会主义思想这一理论大厦的坚实的奠基石，而且越来越得到国内乃至国际社会的普遍认同。比如，2016 年 5 月，习近平总书记在哲学社会科学工作座谈会上的重要讲话中指出：推进国家治理体系和治理能力现代化，发展社会主义市场经济，发展社会主义民主政治，发展社会主义协商民主，建设中国特色社会主义法治体系，发展社会主义先进文化，培育和践行社会主义核心价值观，建设社会主义和谐社会，建设生态文明，构建开放型经济新体制，实施总体国家安全观，建设人类命运共同体，推进"一带一路"建设，坚持正确义利观，加强党的执政能力建设，坚持走中国特色强军之路、实现党在新形势下的强军目标，等等，都是我们提出的具有原创性、时代性的概念和理论。

党的二十大报告指出，十八大以来，我们党勇于进行理论探索和创新，以全新的视野深化对共产党执政规律、社会主义建设规律、人类社会发展规律的认识，取得重大理论创新成果。中国社会科学院马克思主义理论创新智库，从党的十八大以来党的创新理论中提取部分重要的核心的标识性概念进行理论和学术上的解读，形成"新时代新思想标识性概念"研究系列丛书。在选择概念和进行解读时，遵循了以下几个基本要求：一是既要体现学术性，也要体现政治性，要做到政治性与学术性有机结合。二是既要体现理论价值，也要体现实践价值。这些概念是从实践中抽象提炼升华出来的，具有重大实践价值和理论价值；同时，这些概念又对推进实践具有指导性价值。三是既要体现"中国特色"，也要吸收外来有益的经验与理论。四是既要立足中国，也要放眼世界。五是既要坚持马克思主义，也要体现中国优秀传统文化，做到二者有机结合。

本智库与人民日报出版社合作出版"新时代新思想标识性概念丛书"，希望本套丛书有助于广大党员干部学习和领会习近平新时代中国特色社会主义思想。

中国社会科学院马克思主义理论创新智库　编委会

目 录

第一章
全人类共同价值的提出及时代背景分析

21 世纪以来，在以数字技术体系为引领的新科学技术革命推动下，一方面，以全球经济一体化为基础的全球经济、政治、文化协同化发展趋势日益加速，世界全球化进入新的历史发展阶段，人类日益成为相互依存的整体，命运与共；另一方面，人类共同面临的全球性问题和各种危机日益严重，迫切需要世界各个国家和人民同舟共济，共同面对。正是在这种时代背景下，习近平总书记提出全人类共同价值理念，并在多种场合倡导、强调和说明。

第一节　全人类共同价值的提出及内容阐发

2015 年，习近平总书记首次提出全人类共同价值。2020 年以来，随着新冠疫情等全球性问题和全球性危机日益突出，习近平总书记进一步强调坚守和弘扬全人类共同价值的重要性。

一、全人类共同价值的提出

2015 年 9 月 28 日，习近平主席在第七十届联合国大会一般性辩论时指出："和平、发展、公平、正义、民主、自由，是全人类的共同价值，也是联合国的崇高目标。目标远未完成，我们仍须努力。当今世界，各国相互依存、休戚与共。我们要继承和弘扬联合国宪章的宗旨和原则，构建以合作共赢为核心的新型国际关系，打造人类命运共同体。"① 这是习近平主席第一次在重要场合提出"全人类共同价值"这个新概念、新命题和新理念，引起世界各国人民普遍关注。此后，习近平主席又在多个场合，强调坚守和弘扬全人类共同价值。

2018 年 12 月 10 日，习近平总书记致信纪念《世界人权宣言》发表 70 周年座谈会强调："中国人民愿同各国人民一道，秉持和平、发展、公平、正义、民主、自由的人类共同价值，维护人的尊严和权利，推动形成更加公正、合理、包容的全球人权治理，共同构建人类命运共同体，开创世界美好未来。"② 习近平总书记结合世界人权事业发展，强调人民生活幸福是最大的人权。实现这个伟大目标，就要坚持和平、发展、公平、正义、民主、自由的全人类共同价值，形成公平、公正、合理、包容的全球人权治理体系。

二、全人类共同价值的强调与阐发

新冠疫情是近百年来人类遭遇的最为严重的全球性疫情，使全球各个国家都面临着前所未有的共同危机和严峻考验，需要全世界人民共同应对。与此同时，在全球经济活动日益紧密、世界一体化进程加快的背景下，逆全球化思潮抬头，地区冲突和局部战争不

---

① 习近平：《论坚持推动构建人类命运共同体》，中央文献出版社 2018 年版，第 253—254 页。
② 《习近平谈治国理政》第三卷，外文出版社 2020 年版，第 288 页。

断，人类的和平发展事业路途漫漫，难关重重，人类的和平、发展、公平、正义、民主、自由原则受到挑战，构建人类命运共同体的任务日益紧迫。

2020 年 9 月 22 日，习近平主席在第七十五届联合国大会一般性辩论时指出："历史接力棒已经传到我们这一代人手中，我们必须作出无愧于人民、无愧于历史的抉择。让我们团结起来，坚守和平、发展、公平、正义、民主、自由的全人类共同价值，推动构建新型国际关系，推动构建人类命运共同体，共同创造世界更加美好的未来！"[①]强调要坚守和平、发展、公平、正义、民主、自由的全人类共同价值，推动构建人类命运共同体。

2020 年 10 月 23 日，习近平总书记在纪念抗美援朝出国作战 70 周年大会上强调："铭记伟大胜利，推进伟大事业，必须维护世界和平和正义，推动构建人类命运共同体。中华民族历来秉持'亲仁善邻'的理念。作为负责任大国，中国坚守和平、发展、公平、正义、民主、自由的全人类共同价值，坚持共商共建共享的全球治理观，坚定不移走和平发展、开放发展、合作发展、共同发展道路。只要坚持走和平发展道路，同各国人民一道推动构建人类命运共同体，就一定能够迎来人类和平与发展的美好未来！"[②]和平、发展、公平、正义、民主、自由是全人类共同价值，中国人民热爱

①《习近平外交演讲集》第二卷，中央文献出版社 2022 年版，第 263 页。
②《习近平谈治国理政》第四卷，外文出版社 2022 年版，第 78 页。

和平，用生命捍卫和平，正义必定战胜强权，和平发展是不可阻挡的历史潮流。

2021 年 1 月 10 日，国务院新闻办公室发表《新时代的中国国际发展合作》白皮书，阐述了新时代中国开展国际发展合作的初心、使命以及政策主张，并将全人类共同价值作为新时代中国国家发展合作的指导思想，指出"中国坚守和平、发展、公平、正义、民主、自由的全人类共同价值，坚定走和平发展、开放发展、合作发展、共同发展道路。积极开展国际发展合作，是中国作为国际社会负责任成员的应尽责任和义务"①。

2021 年 1 月 25 日，习近平主席以视频方式出席世界经济论坛"达沃斯议程"对话会并发表特别致辞指出："我们要秉持人类命运共同体理念，坚守和平、发展、公平、正义、民主、自由的全人类共同价值，摆脱意识形态偏见，最大程度增强合作机制、理念、政策的开放性和包容性，共同维护世界和平稳定。"②倡导全球各国基于全人类共同价值理念，协调合作，维护世界和平发展。

2021 年 4 月 20 日，习近平主席在博鳌亚洲论坛 2021 年年会开幕式上的视频主旨演讲中强调："国与国相处，要把平等相待、互尊互信挺在前面，动辄对他国颐指气使、干涉内政不得人心。要弘扬和平、发展、公平、正义、民主、自由的全人类共同价值，倡导

---

① 《中国政府白皮书汇编（2021 年）》（上卷），人民出版社 2021 年版，第 10 页。
② 《习近平重要讲话单行本（2021 年合订本）》，人民出版社 2022 年版，第 5 页。

不同文明交流互鉴，促进人类文明发展。"①强调要坚持人类文明多样性原则，反对冷战思维、零和博弈，反对意识形态对抗。

2021年6月28日，习近平主席在北京同俄罗斯总统普京举行视频会晤，两国元首宣布发表联合声明，正式决定《中俄睦邻友好合作条约》延期。双方一致同意，共同弘扬和平、发展、公平、正义、民主、自由的全人类共同价值，加强团结协作，合力应对共同挑战，推动构建人类命运共同体。

2021年7月1日，习近平总书记在庆祝中国共产党成立100周年大会上指出："中国共产党将继续同一切爱好和平的国家和人民一道，弘扬和平、发展、公平、正义、民主、自由的全人类共同价值，坚持合作、不搞对抗，坚持开放、不搞封闭，坚持互利共赢、不搞零和博弈，反对霸权主义和强权政治，推动历史车轮向着光明的目标前进！"②再次向全世界表明，中国共产党和中国人民对人类社会解决危机、共创未来的指导思想和价值主张，明确了全人类共同价值的引领、指导作用和重要意义，产生了更加广泛而深远的世界性影响。

2021年7月6日，习近平总书记在中国共产党与世界政党领导人峰会上指出："我们要担负起凝聚共识的责任，坚守和弘扬全人类共同价值。各国历史、文化、制度、发展水平不尽相同，但各国

---

① 《习近平外交演讲集》第二卷，中央文献出版社2022年版，第340页。
② 习近平：《在庆祝中国共产党成立100周年大会上的讲话》，人民出版社2022年版，第16页。

人民都追求和平、发展、公平、正义、民主、自由的全人类共同价值。我们要本着对人类前途命运高度负责的态度，做全人类共同价值的倡导者，以宽广胸怀理解不同文明对价值内涵的认识，尊重不同国家人民对价值实现路径的探索，把全人类共同价值具体地、现实地体现到实现本国人民利益的实践中去。"①习近平总书记向世界来自 160 多个国家的 500 多个政党和政治组织领导人、逾万名政党和各界代表发出"做全人类共同价值的倡导者"的伟大号召。

2021 年 10 月 9 日，习近平总书记在纪念辛亥革命 110 周年大会上指出："新的征程上，我们必须始终高举和平、发展、合作、共赢旗帜，推动构建人类命运共同体，推动完善全球治理体系，弘扬和平、发展、公平、正义、民主、自由的全人类共同价值，加强同世界各国人民的团结，共同反对霸权主义和强权政治，做世界和平的建设者、全球发展的贡献者、国际秩序的维护者，努力为人类作出新的更大贡献。"②强调中国坚持合作共赢、反对霸权主义和强权政治，在实现中国繁荣发展的过程中，推动构建人类命运共同体。

2021 年 10 月 25 日，习近平主席在中华人民共和国恢复联合国合法席位 50 周年纪念会议上指出："我们应该大力弘扬和平、发展、公平、正义、民主、自由的全人类共同价值，共同为建设一

①《习近平重要讲话单行本（2021 年合订本）》，人民出版社 2022 年版，第 104 页。
②习近平：《在纪念辛亥革命 110 周年大会上的讲话》，人民出版社 2021 年版，第 10 页。

个更加美好的世界提供正确理念指引。和平与发展是我们的共同事业，公平正义是我们的共同理想，民主自由是我们的共同追求。"[1]呼吁世界各国弘扬全人类共同价值，以和平、发展、公平、正义、民主、自由为价值引领，携手构建人类命运共同体。

2022年10月16日，习近平总书记在党的二十大报告中强调："我们真诚呼吁，世界各国弘扬和平、发展、公平、正义、民主、自由的全人类共同价值，促进各国人民相知相亲，尊重世界文明多样性，以文明交流超越文明隔阂、文明互鉴超越文明冲突、文明共存超越文明优越，共同应对各种全球性挑战。"[2]呼吁世界各个国家以全人类共同价值为基础，促进人类文明交流和互鉴，共同应对全球性危机和挑战。

2023年9月26日，国务院新闻办公室发布《携手构建人类命运共同体：中国的倡议与行动》白皮书，指出"中国提出和平、发展、公平、正义、民主、自由的全人类共同价值，以宽广胸怀理解不同文明对价值内涵的认识"，重申弘扬全人类共同价值，尊重不同国家人民对共同价值实现路径的探索，共同构建人类命运共同体。

2023年11月8日，习近平主席向2023年世界互联网大会乌镇

---

[1]《习近平重要讲话单行本（2021年合订本）》，人民出版社2022年版，第136页。
[2] 习近平：《高举中国特色社会主义伟大旗帜 为全面建设社会主义现代化国家而团结奋斗——在中国共产党第二十次全国代表大会上的报告》，人民出版社2022年版，第63页。

峰会开幕式发表视频致辞，再次强调"加强网上交流对话，促进各国人民相知相亲，推动不同文明包容共生，更好弘扬全人类共同价值"。以全人类共同价值为原则和标尺，推动文明传承发展，共同建设人类精神家园。

这些关于全人类共同价值的重要论述表明，和平、发展、公平、正义、民主、自由是当今时代人类发展迫切需要的共同价值。既是世界各个国家和人民应该坚守的客观普遍性原则和标准，也是人类命运共同体构建的价值理想、目标和方向。

第二节　全人类共同价值提出的时代背景

当今时代，以数字技术体系为引领和推动的新生产力发展及由此而来的社会生产方式变革，将人类社会推入"世界历史"的发展阶段。人类普遍交往程度日益加深，全球化日益加速；与此同时，人类也日益面临前所未有的共同性困境和危机。"今天，我们也生活在一个矛盾的世界之中。一方面，物质财富不断积累，科技进步日新月异，人类文明发展到历史最高水平。另一方面，地区冲突频繁发生，恐怖主义、难民潮等全球性挑战此起彼伏，贫困、失业、收入差距拉大，世界面临的不确定性上升。"① 人类面临的困境和

---

① 习近平：《论坚持推动构建人类命运共同体》，中央文献出版社 2018 年版，第 400—401 页。

危机具有全球性、普遍性特点，需要世界各个国家和人民凝聚力量，共同面对。坚守和弘扬全人类共同价值、推动构建人类命运共同体，是当今人类社会发展的客观趋势和时代任务。

一、数字技术体系推动新质生产力发展

马克思主义唯物史观强调，生产力是人类社会发展的最终决定力量，它从根本上决定一个时代的性质、任务和发展趋势。"我们判断这样一个变革时代也不能以它的意识为根据；相反，这个意识必须从物质生活的矛盾中，从社会生产力和生产关系之间的现存冲突中去解释。"[①] 要判断一个时代的性质、任务和发展趋势，最根本的就是研究这个时代的生产力性质及由生产力所决定的生产方式的变革状况。当今时代，要回答"世界怎么了、我们怎么办"，首先就要回答当今时代新生产力状况是什么样的？新生产力发展提出了怎样的时代任务和要求？

数字技术体系给人类带来广泛而深刻的变革。习近平总书记指出："互联网快速发展的影响范围之广、程度之深是其他科技成果所难以比拟的。互联网发展给生产力和生产关系带来的变革是前所未有的，给世界政治经济格局带来的深刻调整是前所未有的，给

---

① 《马克思恩格斯文集》第 2 卷，人民出版社 2009 年版，第 592 页。

国家主权和国家安全带来的冲击是前所未有的，给不同文化和价值观念交流交融交锋产生的影响也是前所未有的。"① 这里的"互联网"不是指单一的网络技术，而是指由数字技术体系支持的智能网络。数字技术体系是由移动通信技术、信息数字化技术、互联网、物联网、人工智能、区块链、云计算等技术相互融合、相辅相成而构成的新技术体系。习近平总书记指出："新一轮科技革命和产业变革正在孕育兴起，云计算、大数据、物联网、人工智能等快速发展……加速了劳动力、资本、能源、信息等要素的流动和共享，推动社会生产力发生了新的质的飞跃。"② 传统大机器体系主要通过解放人手和人的体力，极大地提高效率，推动生产力革命。而新一轮科技革命则表现为，数字技术体系加持人工智能，通过"机器学习"建构模式、算法，解放人的脑力，极大地提高效率。

从一般意义上讲，劳动包括两个内在相连的过程，即在头脑中借助思维工具实现的对事物的"观念改造"过程和在现实中借助实物工具实现的对事物的"现实改造"过程。马克思指出："最蹩脚的建筑师从一开始就比最灵巧的蜜蜂高明的地方，是他在用蜂蜡建筑蜂房以前，已经在自己的头脑中把它建成了。劳动过程结束时得到的结果，在这个过程开始时就已经在劳动者的表象中存在着，即

---

① 《习近平关于网络强国论述摘编》，中央文献出版社 2021 年版，第 41 页。
② 《习近平关于网络强国论述摘编》，中央文献出版社 2021 年版，第 40 页。

已经观念地存在着。"① 劳动的观念改造过程就是人脑利用所掌握的全部信息，在头脑中对劳动的过程、方法及成果等进行分析、设计，形成理想的方案、图式等，然后依此对事物进行现实改造。

在传统技术条件下，"观念建构"过程由人脑这个天然器官来完成。人脑对信息的存储及计算、分析、处理的能力受生理限制，因而也根本地影响了"现实改造"过程的质量和效率。在数字技术体系加持下，人工智能"机器学习"根据任务要求，从海量大数据中寻找规律和逻辑，提取与任务相关的数据的特征，再确立解决问题的模型、算法，提出解决问题的方案、设计或图式等。人工智能"机器学习"不能代替人脑的"观念建构"，但是人工智能收集、存储、计算、分析数据的能力是人脑无法相比的，建构新模型、提出新方案等效率更是人脑无法企及的，从而可以为人脑"观念建构"提供日益丰富、完备、精准的资料、条件或工具等，无限激发人的灵感和想象力，极大地提高劳动"观念改造"过程的质量和效率，进而从根本上提高整个劳动过程的效率，促进生产力实现新的质的飞跃发展。

劳动"观念改造"过程最重要、最基本的条件就是有尽可能多的信息，获取海量数据并顺利使用，这是新质生产力发展的根本要求。由此，大数据——在线的数字化信息，成为当今时代的新

---

① 《资本论》第 1 卷，人民出版社 2004 年版，第 208 页。

型生产资料，而且是生产力中重要的起关键性作用的生产要素，是基础性和战略性资源。习近平总书记强调："要构建以数据为关键要素的数字经济。建设现代化经济体系离不开大数据发展和应用。"① "浩瀚的数据海洋就如同工业社会的石油资源，蕴含着巨大生产力和商机，谁掌握了大数据技术，谁就掌握了发展的资源和主动权。"② 数据资源的根本特性是共享增值性，数据越交流、越共享、越使用，就越有价值，是真正取之不尽、用之不竭的新型资源。数据资源的根本特性决定了促进全社会数据资源的普遍交流及共建、共享、共治成为新质生产力发展的客观要求。在新质生产力发展客观要求推动下，社会各个领域、各个地区、各个行业、各个部门及至生产过程中的各个环节、各个过程，不断通过数字化、网络化、智能化，实现数据融合、技术融合和业务融合，从而推动生产社会化深度发展，推动人类交往日益加深。

二、人类交往日益加深推动全球化进入新阶段

在以数字技术体系为引领的新质生产力推动下，人类普遍交往向纵深推进，世界全球化进入前所未有的新阶段。

---

① 《习近平关于网络强国论述摘编》，中央文献出版社 2021 年版，第 134 页。
② 《习近平关于网络强国论述摘编》，中央文献出版社 2021 年版，第 106 页。

（一）世界是一个地球村

从广义上讲，交往就是人们之间的一切来往、联系和关系，交往的必然性来自人类生产的客观性。"为了进行生产，人们相互之间便发生一定的联系和关系；只有在这些社会联系和社会关系的范围内，才会有他们对自然界的影响，才会有生产。"[1]生产的客观性决定了交往的必然性，交往是生产的前提，是人类社会存在的基础。交往的发展归根结底是由生产力发展的状况决定的，同时，交往的范围、深度也从根本上影响生产力的发展状况。马克思指出，个人对生产力总和的普遍占有，因而形成个人的力量，是在人们的普遍联系与交往中实现的，"这些力量只有在这些个人的交往和相互联系中才是真正的力量"[2]。生产力的总和及生产力的普遍发展只有在人们的普遍联系和交往中才能形成。

传统技术时代，人们之间的交流、交往既受时空限制，又有信任阻碍，交往的范围和深度是有限的。当今时代，在数字技术体系条件下，一方面，移动互联网、物联网使数据的收集、存储、传递、交流即时即地，方便快捷且成本极低，使人与人之间、物与物之间、人与物之间广泛互联，创造数据的主角不仅包括每个人，还有无处不在的物联设备，从而创建了一个与现实的、历史的世界相对应的网络世界，借助网络世界，人类的普遍交往不断从更深层次

---

① 《马克思恩格斯文集》第1卷，人民出版社2009年版，第724页。
② 《马克思恩格斯文集》第1卷，人民出版社2009年版，第580页。

上超越时空限制，从而获得前所未有的自由；另一方面，大数据加持下的区块链技术体系采用分布式网络架构，具有去中心化功能。区块链通过密码学、非对称性加密及共识算法、智能合约等技术，实现链网上信息不可篡改、全程可追溯，确保数据权属，追踪数据流转，安全可靠，且保护隐私。由此，通过建构技术背书的信任机制，使人们之间的交往去信任化，从而推动人类的交往向纵深发展。大数据、区块链加持的网络技术使交往超越时空限制和信任阻碍，使交往的普遍化、全面化、泛在化达到前所未有的广度和深度。

习近平总书记指出："互联网真正让世界变成了地球村，让国际社会越来越成为你中有我、我中有你的命运共同体。"[1] 互联网推动世界各个国家和人民密切相连，成为谁也离不开谁的命运共同体，使人们的生活丰富多彩："互联网让世界变成了'鸡犬之声相闻'的地球村，相隔万里的人们不再'老死不相往来'。可以说，世界因互联网而更多彩，生活因互联网而更丰富。"[2] 人类生活在地球村中，为了共同生产、更好地分工协作，需要在客观普遍性价值即全人类共同价值的基础上，不断形成价值观共识，以规范、引导人们的具体实践行动。

---

① 《习近平关于网络强国论述摘编》，中央文献出版社 2021 年版，第 150 页。
② 《习近平关于网络强国论述摘编》，中央文献出版社 2021 年版，第 35 页。

（二）全球化进入世界历史新阶段

在数字技术体系支持下，生产的深度社会化和普遍交往的深度发展，推动全球范围内的分工协作日益密切，推动社会生产与消费日益融合，从而推动世界经济进入高度全球化发展阶段。习近平总书记指出："互联网作为二十世纪最伟大的发明之一，把世界变成了'地球村'，深刻改变着人们的生产生活，有力推动着社会发展，具有高度全球化的特性。"[1]

全球化是随着资本主义生产方式的确立、世界市场体系的建立而形成的世界经济的发展趋势。在传统技术时代，全球化是资本主义主导的，是以资源、资本的大量投入来实现的，当然也同时有技术和劳动的投入，但资本驱动、资源投入起主导作用。资本家为获取超额利润，在世界各地投资建厂，出现企业跨国经营和国际生产分工以及世界市场体系，也使垄断和剥削国际化。

数据（信息）资源成为新型生产资料，是生产力中重要的起关键性作用的生产要素，数据（信息）资源的根本特性是共享增值性，数据（信息）的最大价值在于其通过交流、共享和使用所创造的价值。因而，新质生产力内在要求数据资源的全世界普遍交流、共享和共同使用，这一要求促进世界政治、经济、文化等各个领域全面融合和深度发展，形成全球共创共享发展的立体网络。链接、

---

[1]《习近平关于网络强国论述摘编》，中央文献出版社 2021 年版，第 151 页。

跨境、共创，这是以大数据生产、传递、交流、共享、使用为核心的数字经济发展的基本要求，也是基本特征。

近年来，特别是随着 5G、区块链技术的迅猛发展和普遍应用，以 5G、区块链为底层技术的智能网络，使人们之间的联系和交往不断超越时空和信任限制，即时即地，从而不断消除数据孤岛，促进数据资源的普遍交流、共享和使用，吸引世界越来越多的经济体加入由大数据主导、共创的新经济一体化进程中。世界经济全球化向纵深推进，促进了越来越多国家参与的全球性产业链、价值链和供应链的形成和发展。

社会化大生产的深度发展推动世界经济一体化程度加深，任何国家都不能脱离；各经济体、各领域、各行业及其内部各个部门、各个环节都内在相关，彼此相连，不存在任何偶然的、孤立的生产过程和生产单位。尽管在目前的全球化中，资本仍发挥巨大作用，新全球化仍与资本本性、资本逻辑内在相连，但是大数据资源主导和推动的新型全球化，将会大大削减资本的禁锢性和控制力，这是新质生产力发展的客观要求。随着大数据资源主导力量的迅猛发展，必将超越资本力量，超越私有制造成的分割和对立，将世界经济真正连接为一个整体。

三、全人类主体日益成为经验的现实主体

在"共同价值"前面加上"全人类"是有着深刻内涵的。所谓全人类即"社会化的人类"①。社会化不是动物式的社群化，而是实践关系中的社会化。社会化的人类是随着人类社会实践的持续发展、人类交往普遍化的形成和不断拓展而产生的。全人类既是一个现实概念，也是一个历史概念，包括人类自诞生的时候起，过去、现在和未来的所有人类。全人类既是一个抽象的概念，又是一个经验的概念，是随着个人的活动日益成为世界历史性的活动而产生的，并随着个体的联合、个体的全面依存关系的深入，随着个人的世界历史性的共同活动不断深入而获得越来越丰富的内涵。

在古代社会，在人们的生产能力"只是在狭窄的范围内和孤立的地点上发展着"②的时代，并没有形成全人类的现实主体及相应概念。近代以来，随着大机器体系的发明和普遍应用，随着资本主义世界市场体系的建立，人类的交往成为全球性的普遍交往，世界经济日益全球化，由此相应地形成了全人类现实主体，以及具有世界眼光的思想文化。但是，在传统生产力条件下，在资本主义私有制条件下，人们之间的交往以及全球化的程度受到时空和私有制等重重限制，因而人类作为整体的实践活动受到相应限制。在这种条

①《马克思恩格斯文集》第1卷，人民出版社2009年版，第505—506页。
②《马克思恩格斯全集》第46卷（上），人民出版社1979年版，第104页。

件下，人的"全人类"意识和思维还处于非经验状态，还仅仅是理论概念。

　　当今时代，基于数字技术体系支持下互联网的普遍化、泛在化发展，人类普遍交往得以深度推进，全球化进入新历史阶段。一方面，随着各个国家的经济联系愈加紧密，各国的共同利益越来越多，越来越细化。例如，当前全球贸易有 80% 的份额是由全球价值链贡献的。另一方面，各国面临的全球性问题日益增多，任何一个国家都不能单独地解决这些问题。由此，各国从事共同的、日益普遍性的实践活动的人们，在面临和解决共同性的问题过程中，日益成为现实的全人类主体；全人类主体日益获得了感性经验的内容。这突出地表现在：在互联网技术体系支持下，个体的存在日益成为马克思所说的"各个人的世界历史性的存在，也就是与世界历史直接相联系的各个人的存在"①。也就是说，人类个体基于互联网技术体系联合起来，形成感性经验层面的全人类。在这种时代背景下，确立新的全人类整体思维、协作理念和规则体系，是至关重要的问题。因此，坚守和弘扬全人类共同价值，成为当今时代发展的内在要求。

---

① 《马克思恩格斯文集》第 1 卷，人民出版社 2009 年版，第 539 页。

四、当前人类面临前所未有的全球性问题

在新全球化、一体化背景下，人类面临着日益增多的共同性问题、全球性困境和危机。当今世界共同性问题、全球性困境和危机规模之大、数量之多、程度之深前所未有，正如党的二十大报告所指出的："世纪疫情影响深远，逆全球化思潮抬头，单边主义、保护主义明显上升，世界经济复苏乏力，局部冲突和动荡频发，全球性问题加剧，世界进入新的动荡变革期。"[①] 何去何从，需要世界各个国家和人民共同回答和应对。

（一）传统的全球性问题与危机日益加重

传统的全球性问题和危机包括生态环境问题、能源安全问题，以及恐怖主义问题、核安全问题等。

生态环境问题，主要是指环境污染和生态破坏等方面的问题，这是资本主义工业化及生产方式发展造成的一个历史性的长期积累的问题。当前，人类面临的生态环境问题表现在：一是大气污染如臭氧层耗损、酸雨蔓延等情况严重，陆地水及海洋污染普遍化；二是生物多样性减少，动物、植物物种加速灭绝，土地污染及荒漠化严重，森林持续减少等；三是气候变暖，冰川呈现出加速退缩的趋势，导致海平面上升冰川消融，全球极端天气灾害频发等。习近平

[①]《中国共产党第二十次全国代表大会文件汇编》，人民出版社 2022 年版，第 21 页。

总书记指出："到目前为止，地球是人类唯一赖以生存的家园，珍爱和呵护地球是人类的唯一选择。"①解决生态环境问题迫在眉睫。

能源安全问题，石油、天然气、煤等能源安全问题，是影响各个国家可持续发展和世界和平的战略性问题。而全球能源供给受到多种因素的影响，发展中国家缺乏国际能源定价权，受制于西方国家。

恐怖主义问题，是指对平民等非武装人员实施暴力活动，来达到某种目的。习近平总书记指出："恐怖主义和极端思潮泛滥，是对和平与发展的严峻考验。打击恐怖主义和极端势力，需要凝聚共识。恐怖主义不分国界，也没有好坏之分，反恐不能搞双重标准。"②

核安全问题，目前人类拥有足以毁灭地球数次的核武器，人类是走向伟大而遥远的未来还是就此毁于一旦，只能依靠人类自己，依靠世界各个国家和人民共同努力。

（二）新全球性安全问题层出不穷

新全球性安全问题主要是网络与信息安全问题。近年来，在互联网技术体系迅猛发展背景下，万物互联，全球互联，随之而来的网络安全问题日益突出。随着大数据、互联网、人工智能等新信息技术在经济、政治等各个领域的应用和融合，全球数字经济迅猛发展，网络、数据等日益成为具有战略意义的基础设施和资源。数

---

① 习近平：《论坚持推动构建人类命运共同体》，中央文献出版社 2018 年版，第 415—416 页。
② 习近平：《论坚持推动构建人类命运共同体》，中央文献出版社 2018 年版，第 320 页。

据、信息的安全直接关系到国家的安全和社会稳定，也关系到每个人的隐私和财产安全。习近平总书记指出："从世界范围看，网络安全威胁和风险日益突出，并日益向政治、经济、文化、社会、生态、国防等领域传导渗透。特别是国家关键信息基础设施面临较大风险隐患，网络安全防控能力薄弱，难以有效应对国家级、有组织的高强度网络攻击。"①

网络安全涉及信息安全、系统安全、交易安全等。网络信息安全主要包括信息被窃取、篡改，被假冒或被恶意破坏等，导致信息失去真实性、客观性。网络系统安全主要是指计算机和网络服务本身的安全问题，包括设备、网络平台服务安全等。网络交易安全问题包括通过恶意软件、加密劫持等，破坏、窃取或浏览数据信息，造成数据破坏或数据泄露，攻击数据完整性和可用性；或植入虚假、错误信息，或通过网络钓鱼、欺骗、伪装等方式，造成商业电子邮件泄露等。网络安全的威胁者包括网络犯罪行为者、雇佣黑客的行动者、黑客行动主义者等。网络安全问题是全球性挑战，没有哪个国家可以置身事外，或者独善其身。需要世界各个国家，"本着相互尊重、相互信任的原则，深化国际合作，尊重网络主权，维护网络安全，共同构建和平、安全、开放、合作的网络空间，建立多边、民主、透明的国际互联网治理体系"②。

---

① 习近平：《论党的宣传思想工作》，中央文献出版社 2020 年版，第 202 页。
②《习近平关于网络强国论述摘编》，中央文献出版社 2021 年版，第 150 页。

（三）当前较为突出的全球性危机和安全问题

一是全球性公共卫生安全问题。在当今人类日益紧密联结、世界日益一体化趋势下，疫情等公共卫生安全的影响更具有全球性和整体性。例如，新冠疫情发生后迅速影响全世界。在病毒面前，不论种族、国家、阶级，不论贫富，都面临着同样的生命健康威胁。但是西方国家对内陷入党派之争，把防疫政治化，对外强调单边主义和双重标准。公共卫生危机是人类面临的共同挑战，团结合作是最有力武器。病毒不分国界、不分种族，全人类只有共同努力，才能战而胜之。

二是地区战争给全球布下战争阴霾和核危机。地区战争尽管发生在局部，但是其破坏性影响越来越扩展到全球。例如，2022 年的俄乌冲突，直接影响欧盟国家并波及全球，造成全球的石油、天然气危机和电力危机，对全球供应链造成影响。

总之，旧的问题和危机没有完全解决，新的问题和危机又层出不穷，使全球发展面临更为严峻的挑战。正如习近平总书记所指出的："事实再次表明，在全球性危机的惊涛骇浪里，各国不是乘坐在 190 多条小船上，而是乘坐在一条命运与共的大船上。小船经不起风浪，巨舰才能顶住惊涛骇浪。"[①] 凝练价值观共识，形成共同的价值观，共同应对，才是解决问题、化解危机的唯一路径。

---

① 《习近平谈治国理政》第四卷，外文出版社 2022 年版，第 483—484 页。

五、逆全球化加剧不确定性

人类面临前所未有的共同性安全问题和全球性危机，需要世界各个国家和人民共同应对。然而，以美国为首的少数西方国家逆历史潮流而动，逆全球化而行，搞单边主义、保护主义，固守过去的冷战思维，固守资本主义价值观和丛林法则，增加了世界发展的不确定性，使人类社会对美好生活的向往变得遥远而迷茫。

从总体上讲，经济全球化是社会生产力发展的必然趋势，全球化使发达国家和发展中国家都受益。"经济全球化是历史大势，促成了贸易大繁荣、投资大便利、人员大流动、技术大发展。"[①]但是，在具体的全球化进程中，也会产生结构性分歧或机制等方面的局限，造成不同国家、不同利益群体差距拉大。以美国为首的少数西方国家是全球化的最大受益者，但是自2008年国际金融危机以来，资本主义世界经济发展放缓，增长乏力，困难重重。有的西方国家没有深究自身原因，反而为了自身的眼前利益，不惜逆全球化，搞单边主义、保护主义，推行民粹主义。英国"脱欧"、美国奉行"美国优先"，搞贸易战争，特别是在高精尖技术领域和基础设施等方面设置标准，打压别国，以获得竞争优势。同时，美国单方面挑起与中国等多个国家的贸易、金融、科技等领域纠纷，实行

①《习近平著作选读》第一卷，人民出版社2023年版，第567页。

"硬脱钩"。

同时，以美国为首的少数西方国家在冷战结束 30 余年之后，仍坚持冷战思维与零和博弈思维，搞小团体、小圈子，搞"集团政治"，维护霸权，强权霸凌，如"五眼联盟"、美英澳三边安全伙伴、美日印澳四边机制，"七国集团"以及由其扩大成的"民主十国"等。2022 年 5 月，美国启动"印太经济框架"，参与国包括美国、韩国、日本、印度、澳大利亚等国家，其宗旨在于"有效反制中国不断增长的影响力"。2022 年 6 月，第九届美洲峰会，美国拒绝古巴、委内瑞拉和尼加拉瓜领导人参加，引发了拉美国家强烈不满。美国以自己为中心建构的这些小团体、小圈子，已由过去集中于经济和安全领域的合作，发展到强调战略和意识形态方面，意在打造一个有层次、有针对性的同盟体系，通过不断在国际上制造事端，服务于美国全球霸权。

总之，以美国为首的少数西方国家为一己之私利，无视世界经济一体化、全球化的时代潮流，无视人类文明多样融合、整体化发展的历史大势，无视世界人民的和平诉求和基本人权，打着公平、正义、民主的幌子，阻断世界经济一体化，制造危机，助推战争，破坏和平，加剧了世界发展不确定性。

六、推动构建人类命运共同体迫在眼前

复活节岛位于太平洋东南部，距离最近的有人居住的岛屿也有2000多公里，是一个与世隔绝的孤独岛屿。由于纬度高等原因，那里的生态环境非常脆弱。但是，科学家们根据花粉分析研究发现，公元 400 年的时候，那里曾经树木繁茂，植被密布。复活节岛以脆弱之躯养活了一代又一代的岛民，使他们在这里创造了原始文明，然而生活在这里的岛民没有意识到，有一天复活节岛会不适合人类生存。一方面，由于乱砍滥伐，毁林开荒、毁草开垦、竭泽而渔、竭林而猎，岛上的树木、植被逐渐消失，物种逐渐灭绝，直到后来沦为荒凉之地；另一方面，部落之间发生残酷战争，为了抢夺财物，争夺地盘，互相杀戮，造成大量人口死亡。最后，只有留下来的巨石人像和写有神秘古老文字的"朗戈朗戈"木板，能让人想起这里曾经繁盛一时。复活节岛孤立的处境，真实地提供了一个沉湎于自身物欲满足、通过过分直接占有的方式满足需要的社会如何自我毁灭的例子。

人类历史走到一个新的十字路口。人类社会正面临着比当年复活节岛面临的更加复杂的问题。这些前所未有的困境和危机，是地球全体居民都要面对的共同性问题。如何走出困境和危机，是当今人类生存和发展必须解决的问题。在这种历史情境下，如果像以美国为首的少数西方国家那样，坚持极端利己主义原则，一切判断、

取舍都以自身的利益为中心，不顾其他国家甚至自己盟友的利益，不顾人类社会整体利益和长远发展利益，人类社会就会像复活节岛上的岛民一样，只能自取灭亡。或者，如果像有的国家那样，面对当前人类面临的全球性生态环境恶化、资源短缺等困境和危机，熟视无睹、无所作为、任其发展，人类社会某一天也会像复活节岛上的岛民一样，最终走向覆亡，消失在茫茫宇宙中。

正是在当今人类面临这些复杂困境和危机的情况下，中国共产党提出了构建人类命运共同体的倡议，倡导世界各个国家和人民同舟共济，在共同维护世界和平的前提下，推动构建公平、正义、民主的多极化国际新秩序，促进世界共同发展和自由全面实现。在全球性困境和危机的挑战面前，人类必须结成命运共同体，正如习近平总书记所指出的："人类只有一个地球，人类也只有一个共同的未来。无论是应对眼下的危机，还是共创美好的未来，人类都需要同舟共济、团结合作。实践一再证明，任何以邻为壑的做法，任何单打独斗的思路，任何孤芳自赏的傲慢，最终都必然归于失败！让我们携起手来，让多边主义火炬照亮人类前行之路，向着构建人类命运共同体不断迈进！"[1]

构建人类命运共同体，需要世界各个国家和人民坚持和平、发展、公平、正义、民主、自由等全人类共同价值原则，选择正确

---

[1]《习近平重要讲话单行本（2021年合订本）》，人民出版社2022年版，第10页。

方向和价值目标，形成价值共识，寻找共同应对全球性问题和危机的最大公约数，推动人类摆脱困境和危机，不断走向伟大而遥远的未来。

第二章
深刻认识全人类共同价值的本质

全人类共同价值中的"价值"是指哲学意义上的价值，不是经济学意义上的价值。经济学意义上的价值是指商品价值，即凝结在商品中的无差别人类劳动，即抽象劳动，交换价值是商品价值的表现形式。经济学的价值只有商品具有，不是商品也就无所谓价值。哲学意义上的价值标示的是实践活动中的主客体关系的范畴，即客体属性与主体内在尺度相契合，对主体有积极意义，即为价值。哲学意义上的价值概念是从人与自然的关系即主体需要与对象属性之间的关系中产生的，而经济学上的商品价值概念是从人与人的社会关系（交往关系）中产生的。

因此，哲学意义上的价值与经济学意义上的价值，二者研究的对象、领域以及要解决的问题是不同的，不能混淆；研究价值问题，首先要注意二者的基本区分。要深刻认识和理解全人类共同价值的本质内涵，首先要明确什么是价值及其根本特性。

第一节　什么是价值

价值是在主体需要与客体属性的现实关系中产生的，是标示实践活动中现实的主客体关系的范畴。价值是劳动、实践创造的成果，应从实践活动中的现实的主客体关系角度理解价值的本质。

一、价值的界定

（一）马克思、恩格斯关于价值的思想

一些学者认为，马克思曾给价值下过定义，主要依据是马克思在《评阿·瓦格纳的〈政治经济学教科书〉》中有这样一段话："如果说，'按照德语的用法'，这就是指物被'赋予价值'，那就证明：'价值'这个普遍的概念是从人们对待满足他们需要的外界物的关系中产生的，因而，这也是'价值'的种概念，而价值的其他一切形态，如化学元素的原子价，只不过是这个概念的属概念。"①

实际上，结合上下文可以看出，这段话并不是马克思关于价值概念的界定，而是马克思转述他所批驳的瓦格纳的观点。从马克思转述瓦格纳的观点看，瓦格纳的"一般价值"概念不是凭空得来的，而是从人与自然的关系，即外界物满足人的需要的关系中得出的，确切地说是从物的使用价值中抽象出来的。瓦格纳把这种关系理解为一种理论的关系，而马克思认为这是以实践的即以活动为基础的关系："人们决不是首先'处在这种对外界物的理论关系中'。正如任何动物一样，他们首先是要吃、喝等等，也就是说，并不'处在'某一种关系中，而是积极地活动，通过活动来取得

①《马克思恩格斯全集》第19卷，人民出版社1963年版，第406页。

一定的外界物，从而满足自己的需要。（因而，他们是从生产开始的。）"① 马克思强调，人与自然的关系是人们在现实的主体改造客体的实践活动中形成的关系，而不是抽象的理论关系："但是在一个学究教授看来，人对自然的关系首先并不是实践的即以活动为基础的关系，而是理论的关系；这两种关系在第一句话中就已经混淆不清了。"② 瓦格纳得出"价值一般"概念后，就从这个抽象概念出发去说明使用价值、交换价值等现实价值问题，通过对外界物估价，赋予外界物以商品价值。例如，羊之所以有商品价值，是因为它能够满足人们饥饿的需要，认为商品价值就是使用价值，从而反对马克思的劳动价值理论。马克思批判了瓦格纳这种从抽象规定出发的思维方式，指出对价值的讨论不能从价值概念出发，而应该从 "社会物"出发，从劳动产品在现代社会所表现的最简单的社会形式即"商品"出发。

通过马克思的相关论述可以确定，马克思没有否定哲学上的价值一般概念本身，没有否定从具体的使用价值等中抽象出价值概念的思维路径，他批判的是从抽象价值原则出发说明现实价值问题的唯心主义思维方式。但是，马克思、恩格斯也没有明确提出价值一般范畴，因为他们的研究任务是经济学上的价值范畴。并且，在理论上大量讨论哲学上的价值一般概念是 19 世纪末 20 世纪初，随着

① 《马克思恩格斯全集》第 19 卷，人民出版社 1963 年版，第 405 页。
② 《马克思恩格斯全集》第 19 卷，人民出版社 1963 年版，第 405 页。

经济学价值概念不断向其他领域渗透，其才开始流行的。

（二）马克思、恩格斯价值思想的启示：从主客体的实践关系中理解价值的本质

马克思、恩格斯虽然没有明确定义哲学上的价值概念，但是他们关于使用价值的讨论及对哲学上价值概念的具体使用，为人们当今研究价值问题提供了重要启示。这些启示表明：价值是标示主客体关系的范畴，但这种关系不是抽象的理论关系，而是现实的实践关系；对价值本质的认识和理解应从主体改造客体的现实的实践活动中去把握。

人作为有生命的肉体存在，先天具有吃喝等本能欲求、生理需要，但满足这些需要的资料并不在人自身，而在人身外的对象世界。马克思指出："人作为自然的、肉体的、感性的、对象性的存在物，和动植物一样，是受动的、受制约的和受限制的存在物，也就是说，他的欲望的对象是作为不依赖于他的对象而存在于他之外的；但这些对象是他的需要的对象；是表现和确证他的本质力量所不可缺少的、重要的对象。"[1] 因此，人为了活着，就必须从外部世界中获得相应的资料，满足自身需要。人作为动物，就要通过自身的活动，通过劳动来获得资料满足需要。马克思指出："单个人如果不在自己的头脑的支配下使自己的肌肉活动起来，就不能对自

---

[1]《马克思恩格斯全集》第 42 卷，人民出版社 1979 年版，第 167—168 页。

然发生作用。"[①]可以说，人的需要的满足与人的活动密切相连。

人和动物都是通过活动从自然界中获取营养物质满足需要的，但动物是通过直接占有的方式满足需要的，动物与其周围的世界浑然一体，自然界有什么就直接消费什么。而人是通过劳动、通过社会实践改变自然界的直接存在状态，创造人工产品满足需要的。劳动、社会实践，是人从外界获得资料、满足需要的根本方式。

价值就是在主体改造客体对象，获得人工产品满足需要的活动中产生的，因此价值关系不是一种抽象的理论关系，而是现实实践关系。人是从生产开始的，而绝不是首先"处在这种对外界物的理论关系中"。对价值及其本质的理解，不能单纯从主体角度，也不能单纯从客体角度去认识和理解，一定要从现实的实践活动中的主客体关系角度去把握。现实的主客体关系并不是固定不变的，它是随着实践的发展变化而不断变化的，因而价值的实现形式也不是固定不变的。

但是，在现实生活及理论研究中，因为价值与真理追求的目标不同，所以人们常常单纯从人的需要角度、从主体角度来理解价值。例如，一些学者把主体需要本身列入价值的内容中，把吃、喝、生存以及更高级别的需要，如尊重的需要、艺术欣赏的需要、自我价值实现的需要等，均列为价值的内容。还有一些学者把主客

[①]《马克思恩格斯全集》第 23 卷，人民出版社 1972 年版，第 555 页。

体相互作用，即客体在满足主体需要中形成的一种主体性的质态，如舒适、喜欢、愉快、平静、和谐等客观质态本身，看作价值。我们说，价值是劳动创造的成果，是客观存在的人工创造物。人的需要本身不等于价值本身，主体需要满足与否而形成的主体状态本身也不是价值，不能把人的需要、主体状态本身列为价值的内容。

二、价值的内容与分类

全面、深入地把握价值的内容，需要按照一定标准给价值分类。价值有很多种，但不是所有分类都对把握价值的本质具有根本意义。把握具有本质意义的分类，应从价值的定义角度，从主客体关系角度进行分类。主客体关系包括三个方面：人与自然关系、人与社会关系、人与自身关系。相应的价值包括以下三个方面。

（一）人与自然关系角度

在人与自然关系中，主体是人，客体是自然。人通过认识和改造自然获得的价值，主要包括实物形态的产品和观念形态的知识。所谓实物形态的产品，是指劳动创造的人工产品、有用物。劳动产品作为有用物，作为使用价值，是价值的基本内容，如楼房、桌子、面包、西红柿等都是价值。所谓观念形态的知识，是指人们对客体对象世界的属性、本质和规律等的认识而形成的成果，包括经验、理论、知识、规则等。

（二）人与社会关系角度

人在改造社会、协调人们之间关系时，形成一系列规范体系。在人与社会的主客体关系中，人与社会互为主客体，即人与社会都既为主体，又为客体，因而价值关系比较复杂。价值规范的内容包括两方面，一是个人为他人、为社会作贡献，如在维持社会秩序、遵守社会规范等的实践中形成的规范，包括遵纪守法、爱岗敬业，尊老爱幼、团结友爱，先公后私、无私奉献，集体主义，等等。二是社会在保证每个人的需要获得满足、利益得到实现，为每个人的自由全面发展创造条件等的实践中形成的规范和原则，包括各种政策、法规、制度，如社会保障制度、公共服务体系等，以及和平、发展、公平、正义、民主、自由等价值原则。这些价值原则，是社会为保证道德规范、法律制度等能真正满足人的需要、实现人的利益和自由而经过长期积累和实践验证形成的更高层次的法则、标准和价值理想与追求。

（三）人与自身关系角度

在人与自身关系中，人以自身为对象，人既是主体，也是客体。这方面的价值包括：一是人先天具有的肉体组织、身体器官及其机能，如能思考的大脑、能活动的手脚，以及感觉机能和运动机能等。二是劳动，即人自觉的、能动的创造性活动，体现在人借助于工具来实现自己的目的。三是思维、意志等。思维是人借用概念、运用语言文字进行判断、推理，达到对事物的本质和规律认识的过程；意志是人自觉地确定目标并根据这一目标支配和调节自己的行为，以及克服障碍实现目标的心理过程，表现为自我克制、毅力、信心、恒心、不屈不挠、坚韧不拔等精神状态。四是自由，自由是不受限制而按照意识自主活动。它是人获得一切有价值事物的必要条件，是一切价值之源。五是艺术和美。艺术、美是最高层次的价值。

此外，价值还包括服务，一般来说，服务是主体通过履行自己的职责，为他人、组织单位或社会做事并使其受益。服务类产品的生产和消费是同时进行的，生产过程不能独立于消费之外，而是与消费过程结合进行。

三、价值的形成与发展

动物通过直接占有的方式满足需要，而人是通过劳动创造的方式满足需要。劳动创造的成果，是满足人们需要的价值。价值由劳动创造，这就决定价值的主客体关系不是抽象的理论关系，必然是实践活动中的，并随着实践发展而不断变化的主客体关系，价值的来源决定了价值的本质。

（一）劳动是人类满足需要的根本方式

价值产生的前提和原始动力是人的自然需要。人作为有生命的肉体存在，先天具有吃喝等本能欲求、生理需要，满足这些需要的资料却不在人自身，而在其身外的对象世界。人的本能欲求、生理需要迫使人不断地与外界进行物质、能量和信息的交换。本能欲求、生理需要是人先天具有的，有着不以人的意志为转移的客观性。从长期看，人只能选择满足它，而不能压抑它、消灭它。

但是，价值产生的前提和原始动力不等于价值的形成本身，人的本能欲求、生理需要不等于现实的价值本身。不能把人的需要等于价值本身。人的需要不是抽象存在的，有需要必然有满足需要的手段和方式。动物是通过直接占有的方式满足需要，而人不满足于自然界的现成产品，通过劳动创造的方式，生产出人工产品满足需要。因此，对价值产生及其本质问题的探讨，必须到人的活动方式、劳动实践中去寻找。一切价值都是劳动创造的，是人类在世世代代的社会实践中创造，又经过亿万次实践反复验证而确立的。所以说，社会实践决定了价值的本质和特性。

劳动与实践作为标志人的活动的概念，其本质是相通的。只不过由于概念起源、习惯等原因，二者内涵各有侧重。劳动概念从形成角度侧重的是生产物质生活资料的生产活动；而实践概念强调的是人的对象化活动，既是主体客体化过程，也是客体主体化过程。实践内涵更大，实践包含劳动的全部内涵。但是从性质上看，二者内涵是相通的，马克思在《资本论》中给劳动下的定义是："劳动首先是人和自然之间的过程，是人以自身的活动来中介、调整和控制人和自然之间的物质变换的过程。人自身作为一种自然力与自然物质相对立。为了在对自身生活有用的形式上占有自然物质，人就使他身上的自然力——臂和腿、头和手运动起来。当他通过这种运动作用于他身外的自然并改变自然时，也就同时改变他自身的自然。"[1] 这表明，从劳动概念形成看，劳动概念的原始内涵中没有包括改变身内自然的意思；改变外在自然的同时，改变身内自然。这是广义的实践概念的内涵，而马克思把这个内涵放在劳动定义中，则既表明了人的活动的性质，也表明了劳动概念与实践概念的内在关系，劳动和实践本质相通。

（二）劳动、实践怎样创造价值

劳动、实践创造的首要价值是食物等物质产品，满足人们吃、穿、住、用、行等物质生活需要，这是人类生存的物质基础，也是劳动、实践对人的存在和发展的最基本的意义。劳动创造了属于人的物质世界。

同时，劳动、实践创造的另一个重要价值是理性成果和理性能力，这是人所特有的精神文化世界核心内容。精神文化世界是人的创造力的源泉，是人类社会不断向前发展的内在力量。

一方面，劳动、实践创造了概念、思维、语言、文字等理性能力。概念是人们对一类事物共同属性的把握，具有抽象性和概括性等特点，是人们在社会实践中、基于实践的迫切需要而产生的。

---

[1]《马克思恩格斯全集》第44卷，人民出版社2001年版，第207—208页。

概念是思维和语言的媒介、工具。语言的产生促进了人的思维的发展，思维与语言密切交织在一起，语言是思维的内容和实现。概念、语言和思维都是在生产实践和物质交往中产生、形成的。"语言是从劳动中并和劳动一起产生出来的，这个解释是唯一正确的。"[1] 只有在劳动中，随着分工协作细化、劳动内容的日益丰富，人们之间才有了"不得不说"的情景。"因为劳动的发展使互相支持和共同协作的场合增多了，并且使每个人都清楚地意识到这种共同协作的好处。一句话，这些正在生成中的人，已经达到彼此间不得不说些什么的地步了。"[2] "不得不说"就是单纯靠表情、手势等，不发出声音，对方已经不能明白你的意思。这时，语言产生了；随着语言的产生，人的思维也获得突飞猛进的发展。同样，文字也是人们在劳动中，为了记事的需要，为了异时异地传递信息的迫切需要而产生的。

另一方面，劳动创造了知识、规范和美等理性成果。

（1）劳动创造、积累了庞大的知识体系。今天人们学习和应用的知识都是从劳动中创造积累，又经过社会实践反复验证而形成的。例如，人们在种植庄稼等农业实践中不断积累而形成植物学，在养殖动物实践中不断积累而形成动物学，在观测天文实践中不断积累而形成天文学，在与疾病斗争中不断积累而形成医学，在对人

---

[1]《马克思恩格斯文集》第9卷，人民出版社2009年版，第553页。
[2]《马克思恩格斯文集》第9卷，人民出版社2009年版，第553页。

自身观察认识中形成心理学、生理学、脑科学，在对人类社会属性和规律的认识中形成社会科学，等等。至今，人类已经拥有了庞大的知识体系，这是人类精神文化世界的基础性内容，是全人类共同价值的重要内容。

（2）劳动创造了社会规范体系。社会规范是指调节、协调、引领人与人及人与社会关系的行为规则或标准。任何单个人都无法独自面对强大的自然界，人们之间需要联合起来，结成一定的生产关系，以社会的形式改造自然界。随着生产的发展，人们之间以生产关系为基础和核心形成了日益丰富、庞大的社会关系。个人之间、个人与集体及社会之间、集体与集体及社会之间存在利益矛盾冲突，有时候矛盾很剧烈，影响人们正常的生产和生活。为了维持社会的正常生产和生活秩序，逐渐形成了人类社会早期的原始禁忌、风俗、习惯、传统、民情等社会规范，在此基础上形成了宗教、道德、各种社会制度、法律法规等规范。正如恩格斯所指出的："在社会发展某个很早的阶段，产生了这样的一种需要：每天重复着的生产、分配和交换产品的行为用一个共同规则概括起来，设法使个人服从生产和交换的一般条件。这个规则首先表现为习惯，后来便成了法律。"①

（3）劳动还创造了美感和艺术。人的美感是人通过自身主体

---

① 《马克思恩格斯全集》第18卷，人民出版社1964年版，第309页。

力量的对象化、通过劳动创造出人工产品之后,在占有、享受人工产品满足需要的过程中,"在他所创造的世界中直观自身"①的过程中,感受到主体的自由意志自觉实现而获得的快感的升华,形成美感。美的对象、美的规律、美的形式等都是人类在长期持续不断改造世界的社会实践中产生的,是劳动创造的。例如,音乐中的节奏感就是来源于劳动号子,人们在集体劳动中,为了步调一致喊出的劳动号子,经过整理和升华,形成了节奏感这种美的形式。

(三)价值随着实践主客体关系的变化而变化

价值是标志主客体关系的范畴,但这一主客体关系不是抽象存在的,而是在实践中、随着实践的发展变化而变化的现实关系。

劳动、实践首先是主体改造客体的直接现实性活动,主体需要与客体属性是实践的两个内在要素。主体需要与客体属性之间的关系就是实践活动中的主客体关系。马克思主义强调,从主客体关系的角度理解价值的本质——这是对的,但是必须强调这一关系不是抽象的理论关系,而是处于人的对象性实践活动之中的主体与客体之间的关系。因此,从主客体关系的角度理解价值仅仅是理解价值本质的前半程工作,后半程的工作是要把这种关系置于人的现实实践中、置于主体改造客体的活动中理解。实践是人为满足需要而必然与外界发生的客观物质性活动。实践虽然是在人的一定目的支配

---

①《马克思恩格斯全集》第 42 卷,人民出版社 1979 年版,第 97 页。

下的有意识的活动，但不是单纯的精神活动。实践是主体运用物质手段使现实事物直接发生改变、满足人们的实际需要的活动，实践具有直接现实性和客观物质性。同时，实践不是个人的、偶然的、零散的活动，而是人们联合起来的社会历史性活动。

要从人的需要出发，从有需要的人出发来理解价值的本质，但这个人不是孤立存在的，他必然是从事一定实践活动的人，必然是生活在一定社会关系之中的人。随着实践的拓展和深入，主体需要和客体属性必然随之发生变化。所以，对价值的理解不能仅仅局限于主客体的抽象性理论关系，而必须将这一关系置于一定历史阶段、一定社会关系中，置于人们改造对象的实践活动中来理解。随着实践的发展，随着主体需要的改变及人们对客体认识的深入、全面，主客体的关系也不断发展变化。因此，价值注定也不是一经形成就永恒不变的。

四、价值的根本特性

价值是客观的，就如同没有主观真理一样，也没有主观价值。同时，价值既具有普遍性和共同性，又具有特殊性和多样性。价值是普遍性与特殊性、共同性与多样性的辩证统一。

（一）价值具有客观性

价值的客观性首先表现为客体属性满足了主体需要这一客观事

实，表现为主体需要得到满足这一客观事实。

人们通过劳动、实践，改变外部世界的直接存在状态，创造出实实在在的人工产品以满足需要。人通过劳动创造出人工产品，客体对象（人工创造物）是否满足了主体需要，就是一个不以人的意志为转移的客观事实，并不是根据主体的主观判断决定的。例如，新研制的药品是不是价值，不是由人们主观判断决定的，也不是由权威或研制药的人决定的，而是由药的实际疗效决定的。再如，刚出台的新制度、新法规是不是价值，不是由制定制度的人决定的，而是由制度执行的实际效果决定的，有效果才是价值。因此，价值客观性不表现为实体性，不表现为主体性，而表现为主客体之间的一种客观关系，即客体属性满足了主体需要这一客观事实。

准确把握价值的客观性，需要辨析两种错误观点。一种错误观点认为，价值的客观性来自客体本身，把价值规定为客体的固有属性，从而说价值是事物本身所固有的。对此，马克思批判瓦格纳等德国学者时指出："他们赋予物以有用的性质，好像这种有用性是物本身所固有的，虽然羊未必想得到，它的'有用'性之一，是可作人的食物。"[1] 这说明，不能单纯从客体角度理解价值；如果没有主体的需要，客体本身无所谓价值问题。

另一种错误观点反对价值具有客观性，认为价值依赖于主体而

---

[1]《马克思恩格斯全集》第19卷，人民出版社1963年版，第406页。

存在，是由人们主观决定的。对此，马克思指出："物的有用性使物成为使用价值。但这种有用性不是悬在空中的。它决定于商品体的属性，离开了商品体就不存在。"① "使用价值表示物和人之间的自然关系，实际上是表示物为人而存在。"② 这说明，离开事物本身固有的属性，也就无所谓价值。

因此，对价值的客观性的理解，不能单纯从主体角度，也不能单纯从客体角度，而要从主体、客体与实践"三者一体"的整体性角度来理解，要从客体属性是否满足主体需要的客观事实角度理解，从价值形成的社会历史性角度理解价值的客观性。

（二）价值是普遍性与特殊性、共同性与多样性的辩证统一

普遍性就是共性，是对事物的共同属性的抽象、概括；特殊性就是个别性，表现事物的多样性。事物的个别性、特殊性使事物彼此区分开来，而事物的共性、普遍性又使事物相互贯通，相互联系，具有共同规律性。例如"车"，其普遍性即其共同属性，是指"陆地上有轮子的交通工具"，而其特殊性、个别性则是指"车"在现实生活中的具体表现形式，如轿车、卡车、公共汽车等。同样，"价值"也是普遍性与特殊性、共同性与多样性的辩证统一。普遍性价值就是共同性价值，即全人类共同价值；特殊性就是共同价值在具体实现过程中表现出来的个别性，即相对性、历史性，反

①《马克思恩格斯全集》第23卷，人民出版社1972年版，第48页。
②《马克思恩格斯全集》第26卷第3册，人民出版社1974年版，第326页。

映普遍性价值实现的多样性、复杂性特点。

如何理解价值的普遍性与特殊性、共同性与多样性的辩证统一关系？我们说，价值是由人的劳动、实践创造出来的，但是任何价值都不是个体的、偶然的活动创造出来的，而是在人类总体性社会实践中创造又经过亿万次实践验证而确立起来的，因此任何价值都具有普遍性。同时，任何价值创造出来之后，都不是抽象存在的，而是在现实的生产和生活中表现和实现出来，实际地满足人们的现实需要——这就是价值的实现。价值的实现受到生产力、科学技术水平及社会制度性质等条件的限制，随着生产力、科学技术发展及社会制度的改进而变化，因而任何价值的实现都是具体的、历史的，具有相对性和历史性，这就是价值实现的特殊性，表现为价值实现的多样性、复杂性特点。因此，价值与价值实现的一体性决定了任何价值都是普遍性与特殊性、共同性与多样性的辩证统一。例如，民主作为共同价值，其普遍性内涵是指人民当家作主，而在人们现实的生产、生活实践中，如何实现人民当家作主，即民主如何实现，其形式是不同的，不同的国家由于其历史背景、文化传统、社会制度、经济发展状况等不同，民主的具体实现必然是多种多样的，具有复杂性的特点。

人们在社会实践中创造了价值后，即通过占有和享受价值、实际地满足需要——这个统一过程决定了价值与价值实现的一体性，决定了任何价值都是普遍性与特殊性、共同性与多样性辩证统一的整体。要深刻理解全人类共同价值，就必须从价值的普遍性与特殊性、共同性与多样性的辩证统一性角度来认识和理解。

一方面，价值的普遍性、共同性不是抽象的普遍性、共同性，不是离开价值特殊性和多样性的普遍性、共同性，而是寓于价值的特殊性、多样性之中，通过特殊性、多样性来表现和实现的。价值的特殊性、多样性则是普遍性价值即共同价值的实现载体，是普遍性价值即共同价值的外在化和实现形式。价值的普遍性、共同性寓于价值的特殊性、多样性之中，并通过价值实现的特殊性、多样性表现出来。同样，价值的特殊性、多样性也不能离开其普遍性、共同性；离开普遍性价值就无所谓普遍性价值的实现问题，离开共同价值就无所谓共同价值的实现问题，也就无所谓人的需要的满足问题。

另一方面，不能单纯从主体角度，也不能单纯从客体角度理解价值普遍性。有些学者"以主体尺度来理解价值的普遍性和特殊性"，认为人们有共同需要和价值追求，所以才产生了共同性价值；而个人有自己的特殊需要，所以产生了特殊性价值。单纯从主体需要角度不能深刻把握价值的本质和特性，正如前文所指出的：价值是标志实践活动中的主客体关系性范畴，在客体属性满足主体需要这一客观事实关系中，才会产生价值；单纯的主体需要并不能使客体事物成为价值。

总之，从普遍性与特殊性、共同性与多样性的辩证统一性角度来理解价值的全面内涵，也就是从普遍性价值与普遍性价值实现的辩证统一性角度来理解价值的全面内涵，这是理解价值问题最为关键的原则之一。

第二节　什么是共同价值

共同价值就是普遍性价值。对共同价值的本质内涵及根本特性的认识和理解，应从主体、客体与实践"三者一体"的整体性角度，从实践的普遍性即总体性实践的角度来认识和理解。

一、共同价值的内涵与特性

共同价值就是普遍性价值，是人类在世世代代的社会实践中积累、创造而形成并经过亿万次实践反复验证而确立的价值，是满足全人类即一般人类整体的需要的价值。共同价值有确定的核心内容，具有客观普遍性，不会因人而异。对具体时代、具体国家和个人来说，全人类的共同价值具有先验性和公理性。

（一）如何理解"全人类"

如果用静态抽象的方法，价值主体可以分为三个层次，即个体主体、集体主体、人类主体。人类主体是从个体、集体中抽象出来的普遍性概念。人类主体是一般，个体、集体是个别；人类主体与个体、集体的关系就是一般与个别的辩证统一关系，即一般包含个别，通过个别来表现，而个别体现着一般，通过一般而相互联系。

全人类共同价值中的"全人类"，就是一般人类整体，在"人类"前面加上一个"全"字，不仅是加重语气，而且是更突出了"人类"的普遍性社会化内涵。马克思曾指出："新唯物主义的立脚点则是人类社会或社会化的人类。"[①]"社会化"是一个普遍性概念，它体现为人类实践活动的普遍性。普遍性的实践是个人在普遍性交往中实现的实践活动；而普遍交往则是人们之间超越时间、空间和信任的全面交往。马克思强调，在未来社会，在普遍交往中，"地域性的个人为世界历史性的、经验上普遍的个人所代替"[②]；共产主义就是"以生产力的普遍发展和与此相联系的世界交往为前提的"[③]。"全人类"作为社会化的人类主体，体现为世界历史性的、经验上普遍的个人主体，是人类与个体在普遍的社会历史实践中实现的辩证统一。"全人类"主体的力量和内容是随着人类实践活动的发展、历史运动的深入而不断实现和丰富起来的，它表现为个人在社会实践中的地位显现、个体联合、个人交往的广度和深度的不断发展。

"全人类"既是一个现实概念，也是一个历史概念；"全人

---

①《马克思恩格斯文集》第1卷，人民出版社2009年版，第506页。
②《马克思恩格斯文集》第1卷，人民出版社2009年版，第538页。
③《马克思恩格斯文集》第1卷，人民出版社2009年版，第539页。

类"既是一个抽象的概念，又是一个经验的概念；它是随着个人的活动日益成为世界历史性的活动而产生的，并随着个体的联合、个体的全面依存关系的深入，随着个人的世界历史性的共同活动的程度不断深入而获得越来越丰富的经验内涵。马克思指出，旧唯物主义对人类主体的理解是抽象的，费尔巴哈把人类主体即"类"理解为"一种内在的、无声的、把许多个人自然地联系起来的普遍性"[①]。这是因为费尔巴哈离开社会历史实践、离开感性生活，"撇开历史的进程"去理解人类，没有基于个人之间在社会历史实践中的普遍交往来理解人类，自然地联系起来的人在现实中并不存在，是只有在头脑中、理论中存在的抽象的人类。

在历史的进程中，"全人类"即"社会化的人类"是随着人类社会实践的不断发展、人类交往普遍化的形成和不断拓展而产生和发展的。在古代社会，在人们的生产能力"只是在狭窄的范围内和孤立的地点上发展着"[②]的时代，并没有形成"全人类"的现实主体及相应概念。近代以来，随着大机器体系的发明和普遍采用，随着资本主义世界市场体系的建立，人类的交往成为全球性的普遍交往，世界经济日益全球化，由此相应地形成了"全人类"现实主体，以及具有世界眼光的思想文化。但是，在传统生产力条件下，在资本主义私有制条件下，人们之间的普遍交往以及全球化的程度

---

① 《马克思恩格斯文集》第 1 卷，人民出版社 2009 年版，第 501 页。
② 《马克思恩格斯全集》第 46 卷（上），人民出版社 1979 年版，第 104 页。

既受到时空和信任的限制，又受到私有制的限制，"全人类"作为实践主体的社会化、普遍化程度也受到双重限制，因而"全人类"主体更多是以概念、理论的形式而不是以经验现实的形式存在。

当今时代，在大数据、互联网、人工智能等数字技术支持下，借助于数字智能网络，人们之间的交往方便快捷且低成本，推动交往超越时空距离；而基于大数据区块链体系建构的技术背书的信任机制，又推动交往超越心理距离，从而使人类交往的普遍性程度向纵深无限推进，世界全球化进入新历史阶段。一方面，随着各个国家的经济活动日益融合为一个整体，人类的分工协作越来越密切，人类实践的统一性、协作性、整体性程度空前提高；另一方面，世界各国面临的全球共同性的困境和危机日益增多，这些问题不是靠一个国家或几个国家就能解决的。由此，随着普遍交往的深度发展，世界上从事共同的、日益普遍的实践活动的人们，在解决共同性的问题过程中，日益成为现实的普遍的"全人类"主体；"全人类"主体的社会化、普遍化程度前所未有地提高。这突出地表现在：在数字技术体系支持下，个体的存在日益成为马克思所说的"各个人的世界历史性的存在，也就是与世界历史直接相联系的各个人的存在"①。也就是说，人类个体基于数字技术体系联合起来，形成感性经验层面的"全人类"。

---

① 《马克思恩格斯文集》第 1 卷，人民出版社 2009 年版，第 539 页。

在这种时代背景下，确立新的全人类整体思维和协作理念、遵循共同的客观普遍性价值原则和标准，坚守和弘扬全人类共同价值，是当前社会发展至关重要的问题，是当今时代发展的客观要求。

（二）全人类共同价值的本质内涵

一是从全人类共同价值的主体看，全人类价值的主体是抽象层次最高的一般人类整体，不是哪个具体主体。全人类共同价值是指客体属性与一般人类主体的内在尺度相契合，对全人类整体有意义。只要决定全人类共同价值存在的主客体价值关系存在，就能够满足一般人类主体的需要，符合"世界历史性的、经验上普遍"的个人即"全体个人"的利益。

二是从全人类共同价值的核心内涵看，全人类共同价值表明主客体相一致的客观事实，表明客体属性满足主体需要这一客观事实，因而获得使之成为该价值的核心内容。不论共同价值在现实的生产、生活实践中如何实现，以怎样的方式满足人们需要，其核心内容是不变的，这就是全人类共同价值的客观性。随着实践的发展，价值主客体关系的变化，全人类共同价值的实现形式会相应发生变化，全人类共同价值也会变化和发展，但其核心内容不变，主客体相符合的客观事实不变。

三是从全人类共同价值的形成看，全人类共同价值是人类在世世代代的社会历史实践中创造并经过人类亿万次实践重复、验证而确立的，不是人的个体的、偶然的活动的结果，而是来自全人类普遍性实践的创造。全人类共同价值的内容具有不以人的意志为转移的先在性和公理性，即全人类共同价值一经形成，对具体时代、具体国家和个人来说，不会因人而异，这一点是确定的、无条件的。

四是从全人类共同价值的功能看，全人类共同价值凝聚着全人类的理智与情感，具有超越个体经验的先验性和公理性。它既是人们普遍的行为规则和标尺，也是人们的价值理想和目标追求。

习近平总书记指出："和平、发展、公平、正义、民主、自由，是全人类的共同价值。"① 和平、发展、公平、正义、民主、自由作为人与社会关系层面的最高层次价值，是当今时代人类社会发展迫切需要的普遍性价值，是全球各个国家和民族都要坚守和弘扬的共同价值，具有客观普遍性的内容。

"和平"作为全人类共同价值，是指没有战争、没有武装暴力冲突的状态。和平是人类生存、发展的首要的、基本的共同价值。习近平总书记指出："没有和平，一切都无从谈起。和平是我们最大的共同利益，也是各国人民最大的共同期盼。"② 和平是世界上每个国家和人民都要普遍遵守的共同价值，不是有些国家要遵守，有些国家可以不遵守。

"发展"从哲学意义上讲是新事物的产生和旧事物的灭亡，也

① 习近平：《论坚持推动构建人类命运共同体》，中央文献出版社 2018 年版，第 253 页。
②《习近平谈治国理政》第四卷，外文出版社 2022 年版，第 441 页。

是发展的最高抽象层次的定义。全人类共同价值中的"发展"主要是指社会发展，是以社会基本矛盾即生产力和生产关系、经济基础和上层建筑之间的矛盾为根本推动，以科学技术发展为引领，以经济增长、生产力提高为基础和核心的经济、政治、文化、社会、生态文明建设等的协调推进和全面进步。

"公平"本义是给人以应得，得所应得。公平与平等很相近，但二者内涵各有侧重。平等侧重于强调人们之间相同、无差别，而公平倾向于各得其所，各得应得；平等不一定意味着公平，只有合理的平等才能称得上公平。

"正义"的本质内涵是指对人作为实践活动主体的主体地位、主体能力和主体价值的尊重、肯定和实现。从主客体关系角度来看，"人是主体"是对人的最根本的定义。不受外在限制地按照自己的意志自由活动，是人的最高价值追求。正义就是尊重人为主体，实现人为主体，使人成为自然界、人类社会和人自身的主人，而不是被支配、被控制、被压迫的奴隶。恩格斯指出："我们就应当认真地和公正地处理社会问题，就应当尽一切努力使现代的奴隶得到与人相称的地位。"[①] 马克思强调："必须推翻使人成为被侮辱、被奴役、被遗弃和被蔑视的东西的一切关系"[②]，必须要消除一切阻碍人成为主体、阻碍人的自由实现的关系，"使人的世界即

———————

① 《马克思恩格斯全集》第 2 卷，人民出版社 1957 年版，第 625—626 页。
② 《马克思恩格斯文集》第 1 卷，人民出版社 2009 年版，第 11 页。

各种关系回归于人自身"①，实现人的自由全面发展。因此，正义是对人之为主体的肯定，是对人的尊严、人格的维护，是人对人自身自由的确认和追求。

"民主"的本质内涵是人民当家作主，人民是国家的主人，国家的一切权力属于人民。至于如何实现人民当家作主，则是不同时代、不同生产力条件下，由社会生产方式发展状况所决定的，属于民主的实现问题。

"自由"的本质内涵是主体不受限制地按照自己的意识自主活动。自由的实现受到自然界、社会和人自身的限制，只有不断摆脱限制，才能获得现实的自由。

（三）共同价值的根本特性

共同价值具有客观普遍性、公理性，因而对具体时代、具体国家和个人，具有普遍约束力和引领力。

共同价值是人类在总体性社会历史实践中创造并经过人类亿万次实践重复、验证而确立的，符合全人类的利益，对于具体时代、具体国家和个人来说，具有不以其意志为转移的客观普遍性和公理性，必然是超越个体性、特殊性的价值。不论具体是谁，不论具体到哪个民族、哪个国家，不论是哪个阶级，不论是社会主义还是资本主义，都必须坚持和遵循人类的共同价值。对于具体时代、具体

---

① 《马克思恩格斯文集》第1卷，人民出版社2009年版，第46页。

国家和个人来说，共同价值先于个人经验而存在，既是无须证明就必须遵循的客观准则，也是现实实践的价值目标和实践方向，不会因人而异。全人类共同价值既是人们思想和行为的标尺和准则，也是引领实践不断向前发展的价值目标和理想。

二、共同价值的形成与发展

和平、发展、公平、正义、民主、自由等共同价值原则是如何形成的？它们的客观普遍性、公理性来自何处？为什么人们都普遍确认并坚持和遵守？这是理解全人类共同价值的关键性问题。旧唯物主义和唯心主义都不能科学解答这个问题，只有马克思主义立足于主体、客体与实践"三者一体"的整体原则，立足于科学实践观，立足于社会历史实践即实践的普遍性，才科学地回答了这个问题。

（一）关于共同价值的普遍性、公理性来自何处的探讨

关于共同价值的普遍性、公理性来自何处的问题，古人很早就进行了思考。客观唯心主义从独立于人之外的某种精神实体中寻找答案，主观唯心主义则认为，价值是人先天就具有的。

近代以来，经验论和唯理论争论的焦点问题是普遍性的知识来自何处，但是无论是经验论还是唯理论，都单纯从主体角度来解决这个问题，最终陷入各自的理论困境之中。经验论认为认识来源于

人的感觉经验，普遍性知识必须建立在感觉经验基础之上，知识的真理性来自它能够与感性对象相符合。但是，感觉经验是人们过去的或者是现在正在形成的经验，人类没有明天的感觉经验。比如，休谟提出，根据过去的经验，太阳每天从东方升起、从西方落下，但是这并不能保证明天的太阳一定从东方升起、从西方落下，我们不能以先验的知识证明未来就会和过去一致。唯理论认为，人的认识来源于天赋观念，真理不证自明；或者真理是上帝赋予人类的，例如"地球是宇宙的中心"作为普遍性知识，就是上帝赋予人类的永恒真理。但是，近代以来科学技术的迅猛发展和人类实践的不断深入，以无可辩驳的事实不断揭示自然界的真相，以前被认为是天经地义的绝对真理不断被推翻。1543年，当哥白尼发表《天体运行论》证明"太阳才是宇宙中心"的时候，"知识的普遍性来自上帝"就不再具有说服力了。因此，知识的普遍性来自何处，无论经验论还是唯理论，单纯从主体自身角度是无法解决这个问题的。

当前理论界有一种观点，依据主体间的共同性和普遍性，来解释价值的普遍性，认为人们有共同需要，所以也就存在共同性价值。这实质上也是单纯从主体角度来思考价值的普遍性、公理性。主体的需要是价值产生的前提和原始动力，但是需要本身并不等于现实的价值形成本身。价值是标志主客体关系的范畴，它不是实体范畴。"人的需要"是主客体价值关系中的主体方面，是一个实体性范畴，不是关系性范畴。人的需要不是抽象地存在的，只有通过劳动、实践创造才能成为现实的需要；只有通过劳动、实践创造人工产品才能现实地满足人的需要。

价值是在主体改造客体的社会实践中产生和形成的。因此，对价值的本质特性的探讨、对价值的普遍性和公理性的探讨，要从关系性角度，从主客体发生关系的实践活动角度，而不能单纯从主体或者客体角度去分析和理解。价值是由实践活动中的主客体关系所决定的，因此，对价值的根本特性的探讨要从主体、客体与实践三者是一个过程、是辩证统一的整体角度来探讨，要从主体改造客体的社会实践角度来探讨。

马克思在《关于费尔巴哈的提纲》中指出："从前的一切唯物主义（包括费尔巴哈的唯物主义）的主要缺点是：对对象、现实、感性，只是从客体的或者直观的形式去理解，而不是把它们当做感性的人的活动，当做实践去理解，不是从主体方面去理解。因此，和唯物主义相反，唯心主义却把能动的方面抽象地发展了，当然，唯心主义是不知道现实的、感性的活动本身的。费尔巴哈想要研究跟思想客体确实不同的感性客体，但是他没有把人的活动本身理解为对象性的活动。因此，他在《基督教的本质》中仅仅把理论的活动看做是真正人的活动，而对于实践则只是从它的卑污的犹太人的表现形式去理解和确定。因此，他不了解'革命的'、'实践批判的'活动的意义。"① 马克思指出，以往的哲学，无论是旧唯物主义还是唯心主义，都没有从主体、客体与实践"三者一体"的角度，没有从科学的实践观角度来认识和理解世界、人的本质及价值的本质，因而得不到关于世界、人的本质及价值的本质的科学认识。

唯心主义离开物质的、直接现实性的实践，单纯从主体角度来思考价值的普遍性，依据主体的共同性来解释价值的共同性，或者从人的共同需要角度，或者从普遍理性角度，来理解价值的普遍性，而没有从主体改造客体的实践角度来理解价值的普遍性。马克思和恩格斯在《德意志意识形态》中深刻地指出，他们"赋予自己的思想以普遍性的形式，把它们描绘成唯一合乎理性的、有普遍意义的思想"②。"黑格尔本人在《历史哲学》的结尾承认，他'所考察的仅仅是概念的前进运动'，他在历史方面描述了'真正的神正论'……并得出结论说：哲学家、思维着的人本身自古以来就是在历史上占统治地位的。"③ 在黑格尔看来，现实价值的普遍性正是由与其相应的观念、精神的普遍性决定的。

旧唯物主义如费尔巴哈强调实践的意义和实践的社会性，例如他认为"理论所不能解决的那些疑难，实践会给你解决"，认为

①《马克思恩格斯文集》第 1 卷，人民出版社 2009 年版，第 499 页。
②《马克思恩格斯文集》第 1 卷，人民出版社 2009 年版，第 552 页。
③《马克思恩格斯文集》第 1 卷，人民出版社 2009 年版，第 553 页。

"只有社会的人才是人"①，但是，费尔巴哈离开能动创造的实践，单纯从客体角度、从生物学意义上的人的角度来理解实践，把实践看成生物适应环境的生理活动或者个体谋求私利的活动，因而实践在费尔巴哈那里是个体性的、偶然的、分散的、细小的。费尔巴哈"撇开历史的进程"②来观察人、理解人的活动，看不到实践的历史性，因而也看不到实践的普遍性，无法正确解决共同价值的普遍性、公理性来自何处的问题，最终与唯心主义殊途同归，认为平等、民主及人的理性是人类先天就具有的。马克思和恩格斯在《德意志意识形态》中指出，费尔巴哈"没有看到，他周围的感性世界决不是某种开天辟地以来就直接存在的、始终如一的东西，而是工业和社会状况的产物，是历史的产物，是世世代代活动的结果，其中每一代都立足于前一代所奠定的基础上，继续发展前一代的工业和交往，并随着需要的改变而改变他们的社会制度"③。费尔巴哈不理解实践的传承性、历史性，没有把握住实践的普遍性，脱离社会历史实践的积累和创造，脱离人们之间的现实关系，把公平、正义、平等、民主、爱、友善等共同价值原则看作某种一成不变的理性，当回答这些普遍性价值来自何处的问题时，只能认为是人先天就具有的，从而重新陷入唯心主义之中。

---

① [德] 费尔巴哈：《费尔巴哈哲学著作选集》上卷，荣震华、李金山等译，商务印书馆 1984 年版，第 571 页。
②《马克思恩格斯文集》第 1 卷，人民出版社 2009 年版，第 501 页。
③《马克思恩格斯文集》第 1 卷，人民出版社 2009 年版，第 528 页。

马克思主义强调，现实价值的普遍性、公理性来自实践，但不是孤立的个体的偶然的实践，而是社会的普遍的历史性实践。马克思主义强调，人的任何实践都是社会历史性的活动，因而具有普遍性。共同价值的公理性、先验性正是来自总体性、普遍性实践。

（二）共同价值的普遍性、公理性来自普遍性实践

人类世世代代的社会实践总和就是总体性社会实践，即普遍性实践。列宁在评述黑格尔《逻辑学》一书时曾提出著名论断："实践高于（理论的）认识，因为它不仅具有普遍性的品格，而且还具有直接现实性的品格。"[①] 实践具有普遍性，因为实践具有能动创造性、社会历史性。

实践首先是社会性活动，因为任何个体的力量都是有限的，单个人必须联合起来形成集体、社会，以社会的力量去改造自然。可以说，任何实践活动都是个体联合起来的社会性活动。动物离开种群也无法独自生活，动物也有社群性行为。人的实践的社会性与动物活动的社群性是有本质区别的。人的实践的社会性具有历史性，而动物没有历史。马克思指出："历史不过是追求着自己目的的人的活动而已。"[②] 人的实践活动往来接续构成历史。

实践是人的能动创造性的活动。人的劳动、实践是制造和使用工具的活动。工具既包括镰刀、斧头等实物工具，还包括语言、文

[①]《列宁全集》第 55 卷，人民出版社 2017 年版，第 183 页。
[②]《马克思恩格斯文集》第 1 卷，人民出版社 2009 年版，第 295 页。

字等思维工具。语言的产生从根本上促进了人的思维形成和发展，而文字是人类历史上最伟大的发明、创造。语言、文字借助于概念来表达思想。概念是对一类事物的共同属性的抽象，具有概括性和间接性等特性。人们借助语言、文字，运用概念、判断、推理等思维形式，以及分析与综合、归纳与演绎等思维方法，把创造的价值，积累的经验、教训等形成理论、知识及规则等，超越时空，传递给后代人。后代人在前人实践积累的全部成果的基础上进行新的创造，每一代人的实践都不是从头做起，每一代人都把前人实践积累的人的本质力量纳入自己的活动之中，提高自己的实践能力。因此，任何人的实践活动都是包含着以往发展全部成果的历史性活动，任何社会中的个人都是凭借人类的整体力量去实践的。

实践具有能动创造性、社会历史性，决定了实践具有普遍性，只有普遍性实践才能创造普遍性价值即人类的共同价值。人们在劳动、实践中创造了某种价值，实践不断验证它的意义，使之确立为价值；经过人类世世代代实践反复确认，这个价值获得普遍性和公理性。因此，现实的价值是社会实践创造的成果，任何价值都不是从某个人、某个孤立的偶然活动中得来的，人类社会越发展越是如此。人类的共同价值是人类在社会历史实践中创造的，又经过人类亿万次实践重复验证，才能获得普遍性、公理性意义。共同价值是人类亿万次实践的成果，其中凝聚着"全人类"的理性力量，因而不以具体时代、个人的意志为转移；对于具体国家、个人来说具有巩固性和公理性，因而具有普遍的约束力和引领力。

列宁在谈到逻辑时曾指出，逻辑的格、逻辑的式来自人类亿万次的实践的重复："人的实践活动必须亿万次地使人的意识去重复各种不同的逻辑的式，以便这些式能够获得公理的意义。"① "人的实践经过亿万次的重复，在人的意识中以逻辑的式固定下来。这些式正是（而且只是）由于亿万次的重复才有着先入之见的巩固性和公理的性质。"② 逻辑的格或逻辑的式就是指用逻辑运算符将关系表达式或逻辑量连接起来的式子——这种逻辑的式是人们普遍遵循的，它的普遍性、公理性是在普遍性实践中创造的，又经过亿万次实践重复和验证才形成的。价值的普遍性、共同性既不来自上帝、天神，不来自先验理性，也不来自个人的偶然活动，而是人类总体性实践创造的成果，是通过社会实践（就人类整体来说）和教育（就个体来说）而形成的，是经验变成的先验。

当然，共同价值的普遍性、公理性绝不意味着存在绝对的永恒的价值。因为价值是在实践中、在现实的主体需要与客体属性的关系中形成的，随着主客体关系的变化，共同价值也会发生变化。共同价值不是抽象存在的，而是现实的价值，必然要在实践中表现出来，实际地满足人们的需要，并随着客体属性与主体需要的变化而变化，因而有生有灭，不是绝对永恒存在的。

<hr>

① 《列宁全集》第 55 卷，人民出版社 2017 年版，第 160 页。
② 《列宁全集》第 55 卷，人民出版社 2017 年版，第 186 页。

（三）和平、发展、公平、正义、民主、自由共同价值的形成

作为人与社会关系层面的人类共同价值，和平、发展、公平、正义、民主、自由也是在人类世世代代的社会实践中不断创造、积累而形成的，又经过亿万次实践的重复、验证而确立的。在现实的主客体关系存在的条件下，它们的核心内涵是确定的，具有客观普遍性、公理性，不以具体时代、具体国家和个人的意志为转移。

1. 和平价值的形成

和平是指没有战争、没有武装暴力冲突的状态，事关各国人民的福祉和人类的前途命运。和平作为全人类共同价值不是人类一开始就具有的，它是人类在反对战争，维护平稳、和谐、安全的社会秩序以保证社会生产和生活顺利进行的斗争实践中产生的，又经过人类亿万次实践反复验证而确立起来的。

弱肉强食是动物世界的生存法则，最早的人类跟动物一样，为了争取地盘和财物，不同人群之间、不同氏族和部落之间发生剧烈冲突。私有制和阶级出现以后，各民族、各国家之间，各阶级、各政治集团之间存在利益冲突，当矛盾激化时，便通过残酷的战争方式解决问题。

战争对人类的危害是巨大的，首先，直接威胁人们的生命安全；其次，在战争状态下，人们无法正常生产、生活，战争造成人们流离失所，无家可归；最后，战争状态导致发展中断，文明停滞，给人类造成巨大的甚至是毁灭性的危害。如果人类只通过武力

解决争端，那人类就会如动物一样，永远陷入自然的轮回之中，而不会有发展、有进步。人类根本不同于动物之处在于，人类社会不是一个纯粹自然世界，而是一个人化（文化）世界。动物只有一个世界，即现实世界；而人类除了现实世界，还有一个人所特有的理性世界，即精神文化世界。人类有能力通过理性的、文明的方式解决矛盾争端，从而争取和平，避免战争危害。和平关乎人类生存。只有在和平状态下，人们才能满足需要，实现利益，生活安稳，获得发展文明的机会。由此，和平的信念和原则经过人类世世代代的实践重复、验证，最终获得了普遍性、公理性意义，成为全人类的共同价值。

近现代以来，随着武器的不断升级换代，战争的破坏性越来越大，和平也越来越珍贵。"历史告诉我们，战争好似魔鬼和梦魇，给人民带来深重灾难和痛苦，必须高度警惕；和平犹如空气和阳光，受益而不觉，失之则难存，必须精心维护。"[①]战争的残酷使人们认识到和平的珍贵，和平成为全人类普遍追求的共同价值。

2. 发展价值的形成

发展作为共同价值源于人类追求自由的实践本质。摆脱限制、束缚，获得现实的自由，是人类永恒的价值追求。马克思指出："人类社会和动物社会的本质区别在于，动物最多是搜集，而人则

———————

① 习近平：《论坚持推动构建人类命运共同体》，中央文献出版社 2018 年版，第 108 页。

能从事生产。"①动物直接从周围的自然界获取所需，而人则通过劳动，通过对象化的活动，不断摆脱自然的限制，创造人工产品，更好地满足需要。在这一过程中，人们一方面将在实践中收集的关于对象属性和规律等认识进行加工、整理，形成理论、知识、规则等，丰富主观世界；另一方面在物质需要满足的基础上，通过对人化自然的直观、反思、欣赏和审美，构建理想世界。

社会发展是由社会基本矛盾即生产力与生产关系、经济基础与上层建筑推动的，其中生产力根本决定生产关系、决定经济基础及与之相适应的上层建筑的状况及发展趋势，是人类社会发展最终决定力量。科学技术是第一生产力。随着生产力的发展，特别是近代以来科学技术的不断进步，人类社会创造了越来越多的财富，人类社会发展不断迈上新台阶，人类文明不断取得新进步。发展才是硬道理。正是在社会持续发展的推动下，人类社会从原始洪荒一步步迈进现代文明。社会发展的理念和原则在人类社会实践中形成并经过亿万次实践重复、验证而确立起来。2015 年 9 月 26 日，习近平主席在联合国发展峰会上指出："面对重重挑战和道道难关，我们必须攥紧发展这把钥匙。唯有发展，才能消除冲突的根源。唯有发展，才能保障人民的基本权利。唯有发展，才能满足人民对美好生活的热切向往。"②发展作为社会价值原则，成为层次

①《马克思恩格斯全集》第 34 卷，人民出版社 1972 年版，第 163 页。
② 习近平：《论坚持推动构建人类命运共同体》，中央文献出版社 2018 年版，第 247—248 页。

最高的共同价值之一。

3.公平价值的形成

公平起源于人们共同生产、交换和分配财富的客观需要。其本质内涵是"给人以应得、得所应得"。

在人类社会早期，在生产方面，根据男女老少的自然的生理的特点，男子打猎，女子采摘果实，老人照顾幼小，对于每个人来说就是相对合理的社会分工，男女老少都各尽其能。同时，同伴、族群的存在是每个人赖以生存下去的唯一依靠，必须保证族群的兴旺发达，因此，在劳动成果分配上，为了保证氏族中每个成员都能生存，早期人类社会采取平均分配产品的方式，在当时恶劣的生存环境下，这就是公平合理的分配方式。

随着生产力的发展、财富的增加、剩余产品的出现，人们之间的交换活动日益普遍。在一般情况下，人们换回来的产品的劳动时间与自己换出去的产品的劳动时间相等，就是合理的；换回来的产品的劳动时间少于自己换出去的产品的劳动时间，没有得到应得的，就是不合理的、不公正的，交换活动就会终止。随着商品生产和商品交换的发展，等价交换原则即商品交换过程中交换双方的商品价值量要相等的原则，成为商品经济的基本法则，人们按照等价交换原则相互让渡商品所有权，商品经济活动成为人类普遍的实践活动，公平理念在这样的经济活动中普遍确立起来。经过长期社会实践，经过人们不断积累和实践验证，逐渐确立了公正公平的价值原则。随着生产力的发展，社会文明的不断进步，从经济领域中形成的公平的理念和原则日益渗透到政治、教育、医疗、文化等各个领域中，公平原则的内涵确立起来，日益成为普遍性层次最高的共同价值，它既是人们的行为准则，也是人类的价值追求。

4.正义价值的形成

正义其本质内涵是对人作为主体的尊重、肯定和实现。正义起源于人与对象的主客体关系的确立。最早的人类跟动物一样，与自然界浑然一体，不存在主、客体的区分和对立。但是从人开始制造工具、使用工具起，人与对象世界的关系就发生了根本转变，人成为认识、改造世界的主体，对象成为被认识、被改造的客体。人是实践活动的主导者，是实践活动的组织者、实施者和发动者，也是实践成果的占有者和享受者；对象是被控制者、被支配者。主体能够按照自己的自由意志、独立自主做出选择和判断，并组织、发动和实施活动，满足自己需要、实现自己自由；客体是主体活动所指向的对象，是被控制的、被支配的。主体和客体，二者地位、性质有着本质区别，人作为主体和非主体，也有着本质区别。"人是主体"是对人的最根本的定义。

主客体关系的建立标志着人与对象之间出现了紧张和冲突。正义价值原则就是在人与他人、人与社会的对立和冲突中产生的。人与他人、人与社会之间的对立和冲突从根本上讲，就是他人、社会仅仅把自己当作主体，把对方（对象）作为单纯的客体，视对方为物、为奴，不尊重对方也为主体。主要表现在阶级社会，统治者在经济上剥削劳动者、政治上压迫劳动者、精神上摧残劳动者，使人不成其为人。正如马克思指出的："君主政体的原则总的说来就是轻视人，蔑视人，使人不成其为人"①，非正义导致对广大劳动者的主体性的打压、控制和埋没，影响劳动者的主体性的实现和能动性的发挥。正义的要求就是尊重自己的主体地位，同时也尊重对方的主体地位；尊重自己的自由意志，也尊重对方的自由意志；尊重人是主体，而不是奴隶。

人和社会尊重人为主体，努力实现人的主体性，就会极大地促进人的积极性、创造性的发挥，促进每个人的自由发展和社会的全面进步，实现人的更大自由和幸福。正义的本质内涵是确定的，具有客观普遍性，作为社会规范价值，正义原则不以具体时代、具体国家和个人的意志为转移，既是人们的行为标尺，也是人类的价值目标。

5. 民主价值的形成

民主萌芽于原始社会，在基于血缘关系的氏族公社内部，为了保证每个人的生存和利益进而保证整个氏族的生存和利益，氏族公共事务是由氏族议事会商定的，成年男女都可以参加，通过投票等方式决定氏族重大事务。通过平等协商或少数服从多数而形成的

---

① 《马克思恩格斯全集》第1卷，人民出版社1956年版，第411页。

决策，具有权威性，能够保证群体中人们的自觉行动，达到大家共同的目的；还能够维护绝大多数人在氏族群体中的利益，保证其所应有的，保证每个人的需要被满足，从而保证族群的兴旺发达。总之，大多数人决策能够保证决策的合理性和正确性，有利于把氏族事务做好，更有利于平衡氏族内部的各种利益和矛盾冲突，保证氏族部落的繁荣稳定——在生产力极端低下的条件下，这是一个至关重要的问题。因为只有氏族群体的繁荣稳定，才能保证个体的生存，才能保证种族的繁衍。反之，少数人决策，氏族的公共事务容易招致失败，甚至导致氏族灭亡，个体也必然随着氏族群体的灭亡而灭亡。"民之所欲，天必从之"，"天视自我民视，天听自我民听"，强调的正是民心所向的重要意义。

随着生产力的发展，私有制的产生、阶级的出现，形成了国家，民主上升为国家形态、国家制度。列宁指出，在有阶级的社会中，"民主是国家形式，是国家形态的一种"①。例如在古希腊，为了解决已经白热化的穷人和富人、贵族和平民之间的矛盾，在随着工商业、小农经济发展而不断壮大的民主力量的支持下，梭伦进行了民主制改革，确立了民主政体。在资产阶级大革命时期，民主成为号召人民参加革命的口号。总之，经过人类世世代代实践的不断探索与总结经验，民主作为社会价值原则确立为人类的共同

---

① 《列宁全集》第31卷，人民出版社2017年版，第96页。

价值。

6. 自由价值的形成

自由是主体不受限制而按照自己的意识自主行动。作为共同价值，自由源于人的生命活动的性质，源于人类劳动的性质。一方面，自由是主体按照自己的意识而自主活动的。人通过主观见之于客观的活动，通过劳动，改造自然界的自在存在状态，生产出人工产品满足需要。本能欲求、生理需要客观必然性，决定了人的活动的必然性，人只有依靠自身的活动才能生存。人的活动是主体有意识的活动，因为对自身本能欲求和生理需要及相关需要满足的情况等，只有人自己知道，因而人的需要获得满足的活动也必须由他自己来决定、来主导。

另一方面，自由是主体不受限制的自主活动。动物也是按照自己的意识而自主活动的，但是，只有人才有自由问题。因为受限制就不能自主活动，就谈不上自由。只有人可以通过劳动不断地摆脱自然界对人的限制，从而获得现实的自由。尽管人的活动是受动的，但是，随着生产力的发展和科学技术的不断进步，人类可以在越来越大的范围和条件下，超越限制，获得现实的自由。

综上，自由是人满足本能欲求、生理需要的最基本条件，也是人的本能需要。同时，对于人来说，自由不仅是获得食物等的基本条件，而且是获得一切有价值的事物的必要条件。有自由就有了获得一切有价值的事物的机会；没有自由就失去了获得一切有价值的事物的机会，也就不可能获得一切有价值的事物。作为一切价值之源，自由本身就是最高的目标，是人类普遍追求的共同价值。

第三节　当今时代人类迫切需要的共同价值

全人类共同价值包括人与自然关系、人与社会关系、人与自身关系三个方面的共同价值，其中"和平、发展、公平、正义、民主、自由"属于人与社会关系层面的共同价值，是人与社会关系层面具有最高层次普遍性的共同价值原则。在新全球化背景下，化解全球性危机、促进人类社会长远发展，依赖于人与社会关系层面的全人类共同价值的普遍实现，人类社会迫切需要作为社会最高价值原则的"和平、发展、公平、正义、民主、自由"的规范和引领。

一、全人类共同价值的重要性

以数字技术体系为引领和推动的新质生产力发展，一方面，创造了前所未有的巨大财富，推动生产与消费、分工与协作等日益融合，推动劳动社会化程度日益加深，人类总体实践活动日益呈现出整体化、一体化趋势，从而使"全人类"作为主体的地位和力量日益显现；另一方面，人类面临的共同性问题、困境和全球性危机日益突出，这主要是一些国家、民族之间发生的矛盾冲突造成的结果，特别是以美国为首的少数西方国家坚持霸权主义，为一己私利，肆意破坏全球公共规则和秩序，造成全球发展的不公平性、不确定性。时代发展迫切需要世界各个国家、民族遵循和平、发展、公平、正义、民主、自由等共同价值原则的引领和规范，积极推动这些全人类共同价值真正、切实得到实现。

（一）社会是解决人与自然矛盾的中介，是保证个人利益和自由实现的根本方式

社会、共同体是个体需要获得满足、实现自由的根本保障和途径，社会、共同体对人的存在和发展、对人的解放具有根本性意义。而社会是通过和平、发展、公平、正义、民主、自由这些最高层次的价值原则及相应的制度体系来保证每个人的利益满足和自由实现的。

为了生存，人类必须从自然界获取所需要的资料，人类的第一个历史活动就是进行物质生产。人们联合起来，以社会为中介，通过社会化劳动改造自然界的直接存在状态，创造出满足人类生存的物质资料。因此，人虽然以个体的形式存在，但是人的本质并不在其个体性，而在其社会性。社会是指共同生产、生活的个体之间各种关系的总和。马克思指出："各个人借以进行生产的社会关系，即社会生产关系，是随着物质生产资料、生产力的变化和发展而变化和改变的。生产关系总合起来就构成所谓社会关系，构成所谓社会，并且是构成一个处于一定历史发展阶段上的社会，具有独特的

特征的社会。"①

　　人与自然矛盾的解决是以社会为中介而进行的，社会是人解决人与自然的矛盾和对立的根本方式。马克思指出："只有在社会中，自然界才是人自己的人的存在的基础。只有在社会中，人的自然的存在对他说来才是他的人的存在，而自然界对他说来才成为人。"② 只有依靠社会、通过社会，纯粹的自然界才能成为人化的自然界，才能保证人们的需要得到满足和利益得以实现。人与自然的矛盾具有永恒的自然必然性，人与自然的矛盾及其解决以社会为中介，决定了人与社会之间的关系也是人类存在的必然基础和条件，而人的实践的社会历史性和普遍性又决定了社会关系的社会历史性和普遍性。

　　因此，社会是个体生存、发展的前提和基础，是个人需要获得满足和利益实现的根本方式、条件和根本保障。马克思强调："人是最名副其实的政治动物，不仅是一种合群的动物，而且是只有在社会中才能独立的动物。孤立的一个人在社会之外进行生产——这是罕见的事，在已经内在地具有社会力量的文明人偶然落到荒野时，可能会发生这种事情——就像许多个人不在一起生活和彼此交谈而竟有语言发展一样，是不可思议的。"③ "只有在共同体中，

① 《马克思恩格斯文集》第 1 卷，人民出版社 2009 年版，第 724 页。
② 《马克思恩格斯全集》第 42 卷，人民出版社 1979 年版，第 122 页。
③ 《马克思恩格斯文集》第 8 卷，人民出版社 2009 年版，第 6 页。

个人才能获得全面发展其才能的手段，也就是说，只有在共同体中才可能有个人自由。"①因此，在人与社会关系中，社会对个人具有先在性和决定性意义；当个人利益与社会整体利益发生矛盾冲突时，个人利益要服从社会整体利益。当然，社会是由个人构成的，没有个人的存在和发展也就没有社会的存在和发展，个人的现实状况影响、制约着社会发展的整体水平。因此，社会需要遵循和平、发展、公平、正义、民主、自由等共同价值原则，通过制定相应的社会制度、法律法规等，保证个体需要的满足和利益的实现，促进每个人自由全面发展。

（二）和平、发展、公平、正义、民主、自由是人与社会关系层面最高层次的共同价值

在人与社会关系中，价值是在协调、管理、控制人们之间的关系，改造不合理的、落后的社会制度的过程中获得的，主要包括社会制度、法律法规、道德标准等社会行为规范体系。

人们在社会中结成的一定关系，首先是生产关系，在生产关系的基础上，以生产关系为中心，形成日益丰富的社会关系。随着生产力的发展，社会关系日益复杂，个人之间、个人与集体之间、集体与集体之间、个人与社会之间等产生利益冲突，为了维持社会的正常生产和生活秩序，就有了规范个人行为的要求。于是，人类形

---

①《马克思恩格斯文集》第 1 卷，人民出版社 2009 年版，第 571 页。

成了原始禁忌、风俗、习惯、传统、民情等最初的社会规范，在其基础上提升出宗教、道德等规范。随着私有制的出现、阶级的产生，当一般性社会规范失去约束力的时候，具有外在强制性的社会制度、法律规范等随着国家的出现而产生了。

在人与社会的主客体关系中，个人与社会互为主客体，即个人、社会都既为主体也为客体。由此，价值规范的内容包括两方面：一方面，个人作为主体、社会作为客体条件下，价值规范主要体现为个人为他人、为社会作贡献，遵守社会规范，创造更多的财富等内容，如尊老爱幼、团结友爱、助人为乐以及爱国、遵纪守法、爱岗敬业等；另一方面，社会作为主体、个人作为客体条件下，价值规范主要体现为社会为每个人的自由全面发展创造条件，通过确立和平、发展、公平、正义、民主、自由等共同价值原则，通过构建法律法规、社会保障体系，提供公共产品和公共服务等，实现个人利益和满足需要，实现每个人的自由全面发展。和平、发展、公平、正义、民主、自由等共同价值是人与社会关系层面最高层次的共同价值，是社会保障每个人满足需要、实现利益、获得自由的最高价值原则。

在人与社会关系层面，通过动物式的直接占有满足需要的方式直到今天仍然存在。由于个体直接占有他人或社会财富的行为往往造成社会混乱，欺骗、偷盗、侵占、抢夺等行为危害社会秩序，所以人们通过各种制度、法律、道德等规范，不断地约束个人的这种原始自然的行为，个体之间动物式的直接占有的满足需要的方式不断得到限制。但是，在群体与群体、种族与种族、国家与国家之间，特别是在阶级与阶级之间，通过战争、暴力、剥削等方式直接占有他人劳动成果的行为并没有得到人类总体上的自觉限制。在阶级社会，统治阶级通过各种手段和途径无偿占有被统治阶级的劳动。在资本主义社会，尊崇"物竞天择，适者生存"、丛林法则等，直接占有他人劳动成为一种普遍信仰。直到今天，原始的通过直接占有他人劳动满足自己需要的方式仍然没有被资本主义深刻反省，"劳动至上"还没有成为普遍自觉的行动，相反，不劳而获却成为人们心向往之的实践理念。

当今时代，在人与社会、人与自身关系方面，人类整体上还没有完全摆脱自然状态，即马克思所说的"精神的动物世界"①。通过战争、剥削、掠夺等方式满足本国大资本家阶段私利，是当前资本主义世界面临的各种危机和困境的总根源。坚守和弘扬和平、发展、公平、正义、民主、自由的全人类共同价值，构建人类命运共同体，是摆脱危机和困境，走向伟大而遥远的未来的正确选择。

---

① 《马克思恩格斯全集》第 1 卷，人民出版社 1956 年版，第 142 页。

二、全球和平、发展、公平、正义、民主、自由问题较为突出

和平、发展、公平、正义、民主、自由是在人类社会历史实践中创造并经过人类亿万次实践重复、验证而确立的共同价值，是全人类共同价值。人类社会从未像今天这样迫切需要和平、发展、公平、正义、民主、自由的全人类共同价值及其实现。正如习近平总书记所指出的：“当前，世界百年未有之大变局正在加速演进，世界进入新的动荡变革期。世纪疫情阴霾未散，局部冲突硝烟又起，冷战思维和集团政治回潮，单边主义、保护主义抬头，经济全球化遭遇逆流，和平赤字、发展赤字、信任赤字、治理赤字有增无减，人类社会正站在十字路口，面临前所未有的挑战。”[①]党的二十大报告也指出，当今世界人类面临的“和平赤字、发展赤字、安全赤字、治理赤字加重”。和平、发展、公平、正义、民主、自由，成为解决全球危机与困境迫切需要的共同价值原则。

（一）全球和平、安全问题比较突出

环顾全球，世界格局正在经历前所未有的深刻演变，安全领域威胁和挑战层出不穷，产生恐怖主义的根源远未消除，核恐怖主义仍然是对国际安全的重大威胁。全球安全局势复杂多变，世界面临和平威胁，一方面，少数西方国家一直奉行霸权主义和强权政治

---

① 习近平：《把握时代潮流　加强团结合作　共创美好未来——在上海合作组织成员国元首理事会第二十二次会议上的讲话》，人民出版社 2022 年版，第 4 页。

的逻辑，凭借经济实力和军事实力，推行强权政治和霸权策略，谋求构建由大国操纵的国际体系，掠夺全球资源，转移国内矛盾，不惜侵害他国的权益和安全诉求，导致战争持续不断，人类的和平事业遭受挑战。另一方面，种族矛盾、地缘政治等冲突不断，造成局部冲突和战争频繁发生，进而造成难民危机，平民生命和财产安全受损，基本权益无法保障。这些武装冲突和战争的消极影响不仅限于交战双方，而且外溢到其他国家，具有全球效应，例如，持续的巴以冲突催化了欧美国家内部不同族群间的仇视和矛盾，对这些国家内部安全造成负面影响，同时影响到能源、粮食等领域的安全问题，出现一系列危机。

（二）全球发展问题比较突出

发展是硬道理，社会经济持续发展是人类社会发展的物质基础，否则一切都无从谈起。当前全球经济发展形势并不乐观，一是深受新冠疫情等不确定因素拖累。2023 年 5 月 5 日，世界卫生组织正式宣布结束新冠全球紧急状态，新冠疫情造成全球经济持续下滑，最明显的是服务业，如餐饮业、旅游业等，很多以服务业为主要经济发展手段的国家受损最为严重。制造业及其他产业也深受其累，疫情导致全世界消费能力和消费指数急剧下降，直接影响到生产。二是贫富分化严重。全球经济增长促进财富增加，但是由于收入分配不均，造成贫富分化进一步加大，广大发展中国家尤其是贫困地区人们的生活没有实质性提高和改善，发达国家富裕阶层则在财富积累和分配上占据更大优势。三是全球失业问题较为严重。失业率普遍上升，特别是在许多国家，青年人的失业问题严峻，结构性失业成为显著特点。当今世界经济正在经历前所未有的大变革，数字技术体系推动全社会生产生活普遍数字化、网络化、智能化，一些传统行业和岗位被淘汰或被取代，而新兴行业所急需的具有数字技术方面的技能和素质的人才又供给不足，人才供需不匹配，造成大量失业。四是地区冲突和战争造成全球经济复苏举步维艰，战争造成全球能源危机、粮食危机等，导致全球通货膨胀加剧，全球供应链出现断裂。再加上以美国为首的少数西方国家为一己私利，逆全球化，搞贸易保护主义、民族主义，与新质生产力发展要求相背而行，造成全球生产链、产业链、供应链紊乱，造成全球经济疲态尽显，笼罩着衰退风险。

（三）全球公平、正义问题比较突出

资本主义生产方式先天具有不平等性、不公正性、非正义性。随着生产力发展、科学技术进步，这种不平等、不公正、非正义性也越来越全面、深入。当前全球不公正、非正义现象集中表现在发达国家和发展中国家之间发展不平衡、不公正。尽管近些年来，发展中国家对世界经济增长的贡献率明显超过发达国家，但是并没有根本改变南北失衡现象。在西方国家主导的全球化背景下，一些西方国家的人均国内生产总值远远高于发展中国家；发达国家主导的跨区域大型经济一体化将发展中国家排除在外，绝大多数发展中国家面临艰难的贸易和投资环境。在技术研发和创新领域，发达国家占有绝对优势，在竞争及保护主义加剧的环境下，发展中国家依赖发达国家的技术转移和技术溢出，也变得越来越困难。

（四）全球民主问题比较突出

当前，全球民主问题的核心是，以美国为首的少数西方国家把民主作为工具，以民主的名义实行霸权的实质，强制其他国家和人民服从美国的民主理念和制度。以强权推行民主，不可能真正实现民主。2021年12月，美国通过视频形式举办了所谓"领导人民主峰会"；2023年3月，美国举办第二届"领导人民主峰会"，会议主题聚焦反对所谓"威权"主义、腐败和保护人权，但实际上是按照美国的标准给各国划线分类，以美国的标准将国际社会分成所谓"民主和不民主阵营"，以美国的意识形态看待世界。以美国为首的少数西方国家以意识形态为工具，抱守冷战思维，大搞集团政治、帮派主义、团伙主义，实质上是谋求霸权，维护其全球统治地位，加强剥削世界人民的势力，是最大的不民主。

（五）全球自由问题比较突出

全球自由问题主要体现在资本主义体系主导之下，自由的实现受到资本主义逻辑的限定和制约，其中渗透着资本主义不公平、非正义的因素。例如，全球贸易自由受到美国单边主义的巨大挑战。美国号称是世界上最自由的国家，如拥有持枪自由，但其枪支滥用，却导致人民群众生命安全受到巨大威胁。

综上，只有坚守和弘扬全人类共同价值，以全人类共同价值客观原则为基础，全球各国才能达成价值共识，有效解决当今世界面临的和平问题、发展问题、公平问题、正义问题、民主问题、自由问题，实现人类美好生活愿景。

三、和平、发展、公平、正义、民主、自由之间的逻辑关系

和平、发展、公平、正义、民主、自由具有内在逻辑关系：和平是前提，发展是基础，自由是最高价值追求，公平、正义、民主是促进和平与发展、实现人的自由必须遵循的根本原则和路径。

和平是人类持续发展、人民实现自由和幸福美好生活的前提条件。只有在没有战争、在社会和谐安稳的状态下，才能保证人们正常的生产和生活。但是人类自进入阶级社会以来，就从未真正摆脱过战争的威胁，人们的生命安全以及最基本的生存问题一直是要面对的首要问题。习近平总书记指出："有了和平，国家才能兴旺；有了雨露，大地才能繁荣。"① 和平犹如阳光与雨露，是人类追求的重要价值。

发展是实现人类自由和幸福的基础。发展，即以不断解放和发展生产力为根本任务，促进经济、政治、文化、社会和生态文明建设创新、协调、绿色、开放、共享发展。只有保证生产力持续快速

① 习近平：《把握时代潮流　加强团结合作　共创美好未来——在上海合作组织成员国元首理事会第二十二次会议上的讲话》，人民出版社 2022 年版，第 5 页。

发展，保证经济平稳、高质量发展，才能不断创造越来越多的物质财富，才能在保证人民群众的基本物质生活的基础上，促进人的全面发展和社会全面进步，实现人类长长久久的幸福美好生活。习近平总书记强调："发展的目的是造福人民。要让发展更加平衡，让发展机会更加均等、发展成果人人共享，就要完善发展理念和模式，提升发展公平性、有效性、协同性。"① 目前，人类的发展不仅面临战争威胁，还有不合理、不公平、不正义的国际政治经济旧秩序，促使世界经济陷入缓慢增长乃至衰退之中，无法充分满足人民对美好生活的向往和追求。

自由是一切价值之源，既是人类发展的基本条件，也是人类追求的最高价值。人类社会发展的最终目的，就是实现每个人的自由全面发展。而这个最高理想和目标的实现，归根结底要依靠生产力的持续发展，依靠科学技术的不断进步，依靠以经济发展为基础的人类社会的全面发展。

要保证世界持久和平，促进经济持续发展，实现人的自由发展，就必须遵循公平、正义、民主价值原则。公平保证每个人得其应得，正义保证人的主体性得到尊重、确认和发挥，民主促进人们在平等基础上协商决策，从而保证最大多数人的利益实现。习近平总书记强调："要以公平正义为理念引领全球治理体系变革，维护

————————————

① 习近平：《论坚持推动构建人类命运共同体》，中央文献出版社 2018 年版，第 407 页。

以世界贸易组织为核心的多边贸易体制，在充分协商基础上，为人工智能、数字经济等打造各方普遍接受、行之有效的规则，为科技创新营造开放、公正、非歧视的有利环境，推动经济全球化朝向更加开放、包容、普惠、平衡、共赢的方向发展，让世界经济活力充分迸发出来。"[1]"我们要完善经济治理，努力营造开放、公平、公正、非歧视的营商环境。"[2]只有坚持公平、正义、民主共同价值原则，才能更好地维护世界和平，促进全球经济持续发展，增进各国民生福祉。

公平、正义、民主之间具有内在联系，它们都是对人与人、人与社会关系的规定，其核心都是对人们的利益和权利的分配协调及对这种协调的正当性、合理性的追求，既是保证和平、发展的根本路径，也是对每个人全面自由发展的追求。在公平、正义、民主三个价值原则中，正义是抽象层次较高的普遍性价值原则，表明人们对真善美的追求，是对人的尊严、人格的维护，是对人自身本质的确认和实现。人类所追求的一切，只有符合人对自我本质的追求时，才是正义的。公平、民主是实现正义的途径和手段，是正义实现的表现形式，是相对具体的范畴，公平、民主等的实现过程，也是正义的实现过程。

---

① 《习近平谈治国理政》第四卷，外文出版社 2022 年版，第 485 页。
② 《习近平谈治国理政》第四卷，外文出版社 2022 年版，第 420—421 页。

第三章
全面把握全人类共同价值的方法

深刻认识和理解全人类共同价值，应坚持两个方法原则：一是坚持共同价值与共同价值的实现相统一，二是坚持价值与价值观相区分。

第一节　坚持共同价值与共同价值的实现相统一

任何普遍性、共同性价值都不是抽象地、静止地存在的，人们创造价值的根本目的就是满足需要，因而价值被创造出来之后，必然要在现实生产、生活中实现出来，实际地满足人们需要。可见，共同价值与共同价值的实现是辩证统一的有机整体。共同价值具有不以具体时代、具体国家和个人的意志为转移的客观内容，共同价值的实现则是依据不同国家的具体国情、历史背景、文化传统、社会制度、经济状况，具有多样性、复杂性的特点，全人类共同价值及其实现是普遍性与特殊性、共同性与多样性的辩证统一。

全面把握全人类共同价值首先应深刻阐述全人类共同价值的现实性，从共同价值与共同价值的实现的辩证统一角度去理解，从价值的普遍性与特殊性、共同性与多样性的辩证统一角度去理解。

一、共同价值的实现

共同价值的实现，即普遍性价值在人们现实的生产、生活实践中的具体表现和实现，是指人们通过占有和享受价值，获得现实的需要满足和利益实现。

共同价值的实现具有相对性和历史性，表现为特殊性、多样性特点。共同价值在具体实现过程中，受到各种前提、条件的限制。

一是受生产力发展状况、科学技术发展水平的限制。有什么样的生产力、科学技术发展水平，就有什么样的共同价值的实现程度，人就在什么样程度上满足需要、实现自由。例如，在石器时代，原始民主以直接参与为基础而实现，每个成年人自由发表意见，直接参与氏族内部事务的处理；在铁器时代，在封建制度条件下，实行君主专制制度，没有民主可言；在大机器时代，在资本主义制度条件下，民主是资产阶级的民主，广大无产阶级和劳动人民事实上并没有享受到民主权利。

二是受社会制度、社会关系及法律、道德规范等社会条件的限制。尤其是人与社会关系层面的共同价值，在不同社会条件下的实现状况是不同的。例如，在自然经济状态下，平等的实现是偶然的、个别的；在市场经济运行模式下，平等在生产领域、交换领域等获得现实实现，如货币作为价值尺度，从形式上"使商品在质上表现为同一的东西"，货币面前人人平等；在分配领域，平等是等量劳动相交换的按劳分配。当然，在资本主义私有制条件下，平等的实现如按劳分配仅仅是表面的、形式上的，无法真正实现。只有在社会主义社会，等量劳动相交换的按劳分配才能真正成为现实。在社会主义社会，平等的实现获得了具有革命意义的发展，平等的实现表现在生产、交换、分配以及政治、文化各个领域。

三是受各个国家历史文化传统的限制。各国家、民族在各自长期的历史发展进程中形成了自身特有的历史文化传统，作为与特定生产力发展阶段相对应的上层建筑，作为意识形态的形成要素，融入各国家各民族人民的思想观念中。就其积极性层面而言，各民族在历史文化传统方面的共性能够为包容共生和文明互鉴提供有利条件；就其消极性层面而言，其差异性作为潜在的保守成分，可能成为共同价值实现的阻碍因素。

四是受人自身的自然性以及身内自然性的理性能力水平的限制。人先天具有吃喝等生理需要及通过直接占有满足需要的方式，决定了人自身的自然性具有个体物欲性和直接功利性。共同价值的实现需要人类依靠文化的力量、理性的力量来超越身内自然的个体物欲性和直接功利性，通过劳动创造价值满足需要。人类文化力量的核心即理性能力和理性成果，直接影响共同价值实现的广度和深度。例如，如果人们缺乏制度规范、道德引导和审美化育，局限于物欲性、直接功利性的狭隘，就会使人们只顾眼前利益而不顾长远发展，只顾个体利益而不顾社会整体利益，最终陷入盲目和自发状态，造成生态环境恶化、社会混乱无序等，不能保证人们利益和自由的实现。

总之，价值主客体关系不是固定不变的，而是随着生产力的发展，科学技术的进步，历史文化传统以及社会关系、社会制度等条件的改变不断发生变化，随着现实实践中的主客体关系的发展而不断变化，因而共同价值的实现表现出特殊的一面，具有相对性和历史性，不同时代、不同生产力、不同社会制度等条件下，价值的实现形式是不同的，呈现出复杂性、多样性特点。

二、共同价值的实现具有特殊性、多样性、复杂性

共同价值的实现具有相对性和历史性，在现实生产、生活中表现为特殊性、多样性、复杂性等特点。一是共同价值的实现具有相对性，表现在有些价值具有一个从较低层次的普遍性向较高层次的普遍性不断发展的过程，相对于较高层次的普遍性，较低层次的普遍性表现出相对性来，就是特殊性。而有些价值形成之后，由于主客体关系的变化，其普遍性层次不是越来越高，而是越来越低；甚至有些价值，随着实践的发展，其主客体关系消失了，不再是价值；或者有些价值改变了其核心内涵，其本身的价值主客体关系变成别的主客体关系，它也就成为别的价值。"特殊性对于更低层次的特殊性来说，就是普遍性，普遍性对于更高层次的普遍性来说就

是特殊性。"[1] 共同价值实现的相对性，表现为共同价值实现的特殊性。二是共同价值的实现具有历史性，就如同没有永恒不变的真理一样，也没有永恒不变的价值。因为价值总是在人们的现实生活中、具体的实践中实现，生产力的发展水平、科学技术的进步程度以及社会制度的变迁等决定着价值实现的广度和深度，决定着价值实现的具体形式，因而价值的实现绝对不是一成不变的，具有历史性，表现为复杂性。三是共同价值在不同国家、民族的实现形式具有复杂性、多样性，因为不同国家、民族在各自历史发展过程，由于特殊的生产方式、地理环境等不同，会形成独特的文化传统、民族心理以及特殊国情和具体的社会主要矛盾，这些因素决定价值的实现形式具有多样性特点。

和平的实现。和平是需要争取的，和平是需要维护的。从古至今，人类为实现和平付出巨大努力。历史上，为了赢得和平，人们经常使用战争手段，通过征服实现和平。所以，和平往往成为两次战争的间歇阶段，成为战争的继续，纯粹的和平是不存在的。近代以来，随着生产力的发展，科学技术的进步，战争的武器日益先进，战争造成的损害也日益深重。两次世界大战，以残酷的事实表明，以战争实现和平的手段给人类带来巨大灾难。鉴于此，国际社会普遍赞成通过建立国际组织、建立相关制度规范等，以理性的方

---

[1] 肖前主编：《马克思主义哲学原理》，中国人民大学出版社1998年版，第132页。

式争取和平、实现和平。1943 年 10 月 30 日，中、美、英、苏四国代表在莫斯科签署《普遍安全宣言》，决定成立一个普遍性的国际安全组织。1945 年 10 月 24 日，《联合国宪章》生效，联合国正式成立。联合国是制定国际法和国际规范的主要机构，对维护世界和平和地区安全稳定，起到重要作用。中国坚决维护联合国的权威和地位，努力践行联合国制定的规则和秩序，但以美国为首的少数西方国家总是企图把联合国视为实现其利益的工具，破坏联合国公约，成为联合国维护世界和平的阻碍。

发展的实现。人类社会的发展是由生产力发展推动的，科学技术作为第一生产力具有决定性意义。不同历史阶段，社会发展的实现形式是不同的。原始社会，石器的发明和使用，特别是新石器的使用，促进了原始农业、畜牧业的发展；铁器的普遍使用，极大地促进了生产力的发展。恩格斯指出："铁使更大面积的田野耕作，广阔的森林地区的开垦，成为可能；它给手工业工人提供了一种其坚硬和锐利非石头或当时所知道的其他金属所能抵挡的工具。"①铁质工具促进农业生产普遍发展，人口开始迅速增长，并出现较大规模的聚居地，封建主最终战胜奴隶主，人类社会进步到更高发展阶段。近代以来，随着以蒸汽机为代表的动力机、传动机及工具机的变革，大机器体系促进了大工业革命的爆发和全面发展，推动资

---

① 《马克思恩格斯文集》第 4 卷，人民出版社 2009 年版，第 182 页。

本主义世界市场体系的普遍建立，推动经济全球化发展。在当今时代，以大数据、移动互联网、云计算、人工智能、区块链等技术相互融合而构成的数字技术体系为引领和推动，生产力发生质的飞跃，推动人类历史进入前所未有的新阶段。

公平的实现。公平的实现是由生产力的发展所决定的生产方式状况所决定的。有什么样的生产方式就有什么样的制度理念和制度建设；而制度理念和制度建设是保证公平实现的基础，是社会实现公平公正的根本保障。在原始社会生产力发展条件下，公平的实现表现为人们共同劳动、共同占有生产资料和生活资料，表现为原始的利益平等。在生产领域，依据男女生理特点，公平的实现表现为简单的男女分工，男人打猎，女人采摘果实等；在分配领域表现为给部落所有人员平均分配食物，等等。原始公平的实现是有限的、粗糙的，且仅限于氏族公社内部。在奴隶社会、封建社会，"物质生产的社会关系以及建立在这种生产基础上的生活领域，都是以人身依附为特征的"①，"专制制度的唯一原则就是轻视人类，使人不成其为人……君主政体的原则总的说来就是轻视人，蔑视人，使人不成其为人"②。在这种条件下，公平的实现也是有限的，仅限于奴隶主、地主阶级内部的权益分配，维护君主政体，但相比原始社会，公平实现范围相对扩大了，内容相对丰富了。近代以来，随

①《马克思恩格斯全集》第 23 卷，人民出版社 1972 年版，第 94 页。
②《马克思恩格斯全集》第 1 卷，人民出版社 1956 年版，第 411 页。

着科学技术的迅猛发展、生产力的不断提高，在商品经济条件下，公平、平等的实现获得了深入发展。

正义的实现。正义的实现受到生产力发展、生产方式的现实状况的限定和制约。马克思主义认为，符合生产力发展要求、适合生产方式发展状况的，就是正义的；而违背历史发展规律、阻碍生产力发展、维护旧的落后生产方式的，就是非正义的。马克思在谈到资本主义生产时指出："生产当事人之间进行的交易的正义性在于：这种交易是从生产关系中作为自然结果产生出来的。这种经济交易作为当事人的意志行为，作为他们的共同意志的表示，作为可以由国家强加给立约双方的契约，表现在法律形式上，这些法律形式作为单纯的形式，是不能决定这个内容本身的。这些形式只是表示这个内容。这个内容，只要与生产方式相适应，相一致，就是正义的；只要与生产方式相矛盾，就是非正义的。"① 保证正义实现的法律、道德等只有与当时的社会生产方式发展要求相一致，才能称得上是正义的。不同时期，生产力发展水平不同，社会生产方式要求不同，正义的实现方式也不同，具有相对性和历史性。相对于原始社会制度，奴隶制就是"正义"的制度，正如恩格斯指出的："只有奴隶制才使农业和工业之间的更大规模的分工成为可能，从而为古代文化的繁荣，即为希腊文化创造了条件……在这个

---

① 《马克思恩格斯文集》第 7 卷，人民出版社 2009 年版，第 379 页。

意义上，我们有理由说：没有古代的奴隶制，就没有现代的社会主义。"① 同样，相对于封建制，资本主义也是"正义"的制度。但是，随着生产力的进一步发展，资本主义制度越来越不能容纳现代生产力的发展。社会主义适应生产力发展的客观要求，通过公有制为主体、多种所有制经济共同发展和按劳分配为主体，多种分配方式并存，通过法治建设、提高公共管理和公共服务水平等措施，保证社会主义正义实现。

民主的实现。民主的实现包括两个内在相连的过程，一是人民的意愿得到有效表达，二是人民的意愿得到有效实现。如果人民意愿只能表达、不能实现，不是真正意义的民主。民主的实现，既要有完整的制度程序，也要有完整的参与实践，现实有效，能真正满足人民群众对民主的需要，能真正实现人民当家作主。民主的实现是受社会生产力发展水平和生产方式发展形式制约的，具有时代性。离开具体的历史条件，把某一历史阶段的民主制度视为普遍适用的民主制，是错误的。在生产力处于原始状态的社会形态中，在氏族部落内部，人们集体生活，共同劳动，共同消费，原始民主是直接实现的形式，即每个成年人自由发表意见，并直接参与氏族内部事务的处理。为了实现全体人民直接参与管理公共事务，在人类社会早期常常通过抽签来实现民主，选出一部分人来代表其他人进

---

① 《马克思恩格斯全集》第 20 卷，人民出版社 1971 年版，第 196—197 页。

行社会管理。进入阶级社会以后，民主保留直接民主的形式，从统治者中选举代表来完成对社会的管理。一般来说，在奴隶社会和封建社会，君主都具有至高无上的权力，广大劳动者没有民主自由的权利。近代以来，随着资产阶级的壮大，启蒙思想家们对君主制进行猛烈的抨击，提出了平等、民主的要求。随着资本主义制度的建立，逐渐形成了比较健全的现代民主法制体系，民主以法律的形式得到实现。但是，资本主义民主法制是保证资产阶级民主、维护资本主义制度的工具。只有社会主义民主通过人民代表大会制度、政治协商制度等，才真正保证人民民主的实现。同样，不同国家、不同民族由于不同的历史文化传统，民主的实现样式和道路也是不同的，正如习近平总书记所指出的："民主同样是各国人民的权利，而不是少数国家的专利。实现民主有多种方式，不可能千篇一律。"①

自由的实现。马克思主义强调劳动、实践对自由实现的根本意义；劳动、实践是人类实现自由、获得解放的唯一通道。一方面，劳动本身表现为克服各种障碍而获得人工产品，而克服各种障碍、摆脱各种限制和束缚本身就是自由的实现。劳动这种创造活动是人的有目的的有意识的自觉行为，表现为主客体的对象化过程，劳动过程就是自由的实现过程。马克思指出："诚然，劳动尺度本身在

①《习近平外交演讲集》第2卷，中央文献出版社2022年版，第356—357页。

这里是由外面提供的，是由必须达到的目的和为达到这个目的而必须由劳动来克服的那些障碍所提供的。但是克服这种障碍本身，就是自由的实现，而且进一步说，外在目的失掉了单纯外在自然必然性的外观，被看作个人自己提出的目的，因而被看作自我实现，主体的对象化，也就是实在的自由，——而这种自由见之于活动恰恰就是劳动。"[1]

另一方面，劳动创造满足人们物质生活需要的产品，实现人的基本自由；同时，劳动创造文化，创造人的理性能力和理性成果，这是人的自由实现的主体力量。首先，劳动创造物质产品，满足人的物质需要。人的自由实现是以吃、穿、住、用、行等物质生活资料在质和量方面得到充分保证为基础，当这些物质需要没有得到满足的时候，人们就根本不能获得解放。马克思指出："只有在现实的世界中并使用现实的手段才能实现真正的解放；没有蒸汽机和珍妮走锭精纺机就不能消灭奴隶制；没有改良的农业就不能消灭农奴制；当人们还不能使自己的吃喝住穿在质和量方面得到充分供应的时候，人们就根本不能获得解放。'解放'是一种历史活动，而不是思想活动，'解放'是由历史的关系，是由工业状况、商业状况、农业状况、交往关系的状况促成的。"[2] 人的解放、现实的自由是在历史进程中，通过人类的物质生产实践活动实现的。其次，

---

[1]《马克思恩格斯全集》第 30 卷，人民出版社 1995 年版，第 615 页。
[2]《马克思恩格斯全集》第 42 卷，人民出版社 1979 年版，第 368 页。

劳动创造实现自由的理性力量，包括知识理性、制度理性、审美理性。科学知识和技术体系推动生产力发展，使人类在吃、穿、住、用、行等物质生活资料的满足上不断实现自主供给，从而在一定范围内摆脱自然界的限制，实现自由。制度规范体系通过及时建立合理的社会制度、法律及道德规范等，保证人的社会自由的实现。审美理性能够缓和、疏导人的原始情欲，使人成为情绪情感主体，从而在一定程度上摆脱原始情欲对人的自由的限制；审美欣赏能够超越现实生活的有限性，引人进入理想的、无限丰富的世界；审美活动是主体参与的再创造活动，人在审美中实现了主体自觉，实现了创造自由。在审美理性指导下，审美活动既升华人的身内自然的动物性、个体性、直接功利性，又消解单纯理性（工具理性、制度理性等）对人的压抑，实现了感性与理性、个体性与社会性、动物性与文化性等的和谐统一，达到全面自由的境界。

当然，不同国家、不同民族争取自由、获得幸福的道路也是多样的，习近平总书记指出："通向幸福的道路不尽相同，各国人民有权选择自己的发展道路和制度模式，这本身就是人民幸福的应有之义。"[1]因而必须尊重每个国家、民族所选择的实现自由的发展道路。

综上，各国历史、文化、制度、发展水平不尽相同，但各国人

---

[1]《习近平外交演讲集》第二卷，中央文献出版社2022年版，第356—357页。

民都追求和平、发展、公平、正义、民主、自由的全人类共同价值。我们要本着对人类前途命运高度负责的态度，做全人类共同价值的倡导者，以宽广胸怀理解不同文明对价值内涵的认识，尊重不同国家人民对价值实现路径的探索，把全人类共同价值具体地、现实地体现到实现本国人民利益的实践中去。

三、从共同价值与共同价值的实现的辩证关系中理解全人类共同价值

准确地把握共同价值与共同价值的实现之间的辩证统一关系，对全面理解共同价值的本质内涵及根本特性具有重大意义。

首先，共同价值与共同价值的实现各自有确定的内涵，不能把二者等同。如果把二者等同起来，把共同价值的实现当作共同价值本身，从共同价值实现的相对性、历史性及特殊性、多样性角度理解共同价值，就会得出共同价值的定义有很多种，进而抹杀共同价值的客观普遍性和公理性，以至于弱化甚至否定共同价值的普遍约束力和引领力。

比如，"自由"是主体不受限制而按照自己的意识自主活动，这是自由作为一般价值的定义。而"自由的实现"，则是具体的主体依据自身的需要和意愿将自主活动变成现实，也就是自由在人们的现实生产生活中的具体实现。自由在具体实现过程中，受到重重

限制，只有超越限制，才能获得自由。自由的实现是通过生产力发展、科学技术水平的提高以及社会制度的改造和文化文明的进步而不断实现的，自由的实现具有相对性和历史性，表现出特殊性、复杂性和多样性。不同学科、不同领域对自由的定义是不同的，如社会学认为自由就是在不侵害别人的前提下按照自己的意愿活动，法律认为自由就是公民在法律规定的范围内自己的意志活动有不受限制的权利，哲学认为自由是对必然的认识和对客观世界的改造，等等。究竟什么是人们普遍追求的自由？实际上，社会学、法律、政治学、哲学等所谓的对自由的定义，并不是对自由作为共同价值本身的定义，而是指自由的实现形式，如果将自由与自由的实现相区别开，就很容易理解这个问题了。

又如，正义是对人作为主体的尊重、肯定和实现。如果将正义原则与正义原则的实现相混淆，就会得出正义的定义有很多种的结论，如有人认为正义是按劳分配，有人认为正义是依法治国，有人认为正义是公平地给予每个人他应得的部分的行为等，这实际上是保证正义实现的路径、方式。

恩格斯在讨论平等、正义时指出："在共产主义制度下和资源日益增多的情况下，经过不多几代的社会发展，人们就一定会认识到：侈谈平等和权利，如同今天侈谈贵族等等的世袭特权一样，是可笑的；对旧的不平等和旧的实在法的对立，甚至对新的暂行法的对立，都要从现实生活中消失；谁如果坚持要人丝毫不差地给他平等的、公正的一份产品；别人就会给他两份以资嘲笑。……平等和正义，除了在历史回忆的废物库里可以找到以外，哪儿还有呢？由于诸如此类的东西在今天对于鼓动是很有用的，所以它们绝不是什么永恒真理。"[1] 表面上看，恩格斯好像否定了作为共同价值的平等、正义等的存在，而实际上，恩格斯在这里所说的平等和正义是指在资本主义条件下所能实现的平等和正义，而不是指平等、正义作为一般价值原则本身，不是共同价值本身。这种在资本主义条件下实现的平等和正义，不是人们追求的目标。在未来共产主义社会，在新生产力和新社会制度条件下，在物质财富极大丰富的条件下，平等和正义会以新的更文明的形式实现。

综上可见，只有既强调共同价值与共同价值的实现的区别，又看到二者的统一性，才能深刻理解全人类共同价值的客观普遍性和公理性。

其次，要强调共同价值与共同价值的实现是不可分开的一体，必须从二者的辩证统一性中理解共同价值的现实性。

任何普遍性、公理性价值都不是抽象、静止存在的，人们创造价值的根本目的是满足需要，因而必然要在人们的生产和生活中、在现实实践中通过具体的形式表现和实现出来，实际地满足人们的需要。不同时代、不同生产力水平、不同社会制度条件下共同价

---

① 《马克思恩格斯全集》第20卷，人民出版社1971年版，第670页。

值的具体实现形式是不同的，有其特殊性、多样性和复杂性。共同价值与共同价值的实现的一体性，决定了共同价值的现实性，表明共同价值是随着实践活动中的价值主客体关系的变化而变化的，不是纯粹抽象的、永恒不变的存在。和平、发展、公平、正义、民主、自由的普遍性和公理性不是来自抽象的人性，而是来自总体性实践。

唯心主义虽然也是从主客体关系角度理解价值的，但是唯心主义把这种主客体关系理解为抽象的关系，即不是现实存在的、随着实践活动的变化而变化的关系。唯心主义离开客体、离开主体改造客体的实践，从抽象的人性出发，单纯从主体需要出发，来理解共同价值的普遍性、一般性，认为有不变的人性、有共同的需要，所以就有普遍性价值，把代表统治阶级意志和利益的价值观说成是永恒不变的绝对价值。

从有需要的人出发来理解共同价值是对的，但是有需要的现实的人不是孤立、静止地存在的，有需要的现实的人一定是从事实践活动、创造人工产品的人。也就是说，现实的人只有不停地劳动，从事一定的实践活动，共同价值才能变成现实，才能满足人们的需要。因此，从主客体关系的角度理解共同价值的普遍性、公理性，仅仅是理解共同价值的本质的前半程工作，后半程工作要把这种关系置于人的现实的主体改造客体的实践活动中去理解，置于人与对象的一定历史发展阶段的现实关系中，从普遍性、共同性价值的实现角度来理解价值的普遍性、公理性。

总之，共同价值的普遍性、公理性寓于价值实现的历史性、相对性、复杂性之中，通过价值的特殊性、多样性表现和实现出来。共同价值的普遍性不是永恒不变的普遍性，而是相对的、历史的普遍性，是与特殊性、多样性辩证统一的普遍性、公理性；共同价值的特殊性、多样性是共同价值的实现载体，是共同价值的外在化和实现形式，二者在人类社会历史实践中实现辩证统一。

第二节　坚持价值与价值观相区分

全面理解共同价值，要理解价值观。共同价值与价值观是有着原则区分的，不深刻理解价值观的本质内涵及根本特性，不把共同价值与价值观区分开来，就难以全面理解什么是人类共同价值。

一、什么是价值观

价值观是指主体根据自身的利益和需要对价值的反映，即人们对价值满足自身需要情况的评价。

（一）价值观是价值主体对价值的反映

价值观是主体根据自身的利益和需要而对价值的反映，即人们对价值对主体的需要满足情况的评价，包括主体对价值的认识、理解、感受、体验、判断和评价，以及在此基础上对现实价值的态度、情感，对未来价值的理想和追求。

价值观是主体对价值的反映，属于意识范畴。价值反映包括认识论上的反映，但远远超过认识的范围。认识论上的反映，其对象是客体对象自身，主体要遵循客观事物的本质和规律，通过概念、判断、推理等思维形式，达到对客观事物的正确认识，形成知识。正确的认识即真理的内容是客观的、确定的，具有不以人的意志为转移的客观性，因而真理是一元的。而价值反映的客观对象是客体属性与主体需要之间的关系，即主客体之间的价值关系，价值反映是主体通过对客观事物的占有、享受、品味、体验、判断等活动来评价客观事物对主体需要的满足情况时获得的对客观事物的态度、情感、理想等。因此，价值反映是人在认识的基础上，从主客体关系高度对世界更全面更深刻的把握。

（二）价值观的形成和表现形式

价值观是主体对价值的反映，形成价值观之前必须先有价值；在价值没有被创造出来之前，无所谓价值的价值观问题。人们通过劳动、实践活动创造出产品（价值），再通过对产品（价值）的占有和享受来满足需要。在这一过程中，产品（价值）在主体身上引起满足与否、快乐与否等效果：满足主体需要的产品（价值）给主体带来快乐，就是好产品（价值）；没有满足主体需要的产品（价值）给主体带来痛苦，就是坏产品（负价值）。主体的利益和需要是决定价值观的核心和关键因素，有什么样的主体、有什么样的利益和需要，就有什么样的价值观。

主体通过对价值的感受、体验和品味，引起快乐与否的效果，把这些效果转化为意识，形成经验；再通过欣赏、反思、评价等活动，形成对事物、对象的态度，进一步形成兴趣、爱好和情感等价值心理，在此基础上形成理想、信念、信仰等更高层次的价值观。价值观既包括价值意识的低级阶段，即感性层次的兴趣、爱好和情感等；也包括价值意识的高级阶段，即理性层次的理想、信念和信仰等。

有人认为，价值观并不包括价值意识的全部内容，把兴趣、爱好、情感等价值心理排除在价值观之外，把价值观仅仅理解为信念、信仰和理想，大大减少了价值观的内容。事实上，感性的、心理层面的价值意识，也是价值观的基础部分。感觉是最简单的心理现象，为心理活动提供最基本的原材料。欲望推动着人去行动，去获取满足需要的产品（价值）。在需要被满足的过程中，人们形成或肯定或否定的态度。好的产品（价值）在满足人的物质需要的同时，还让人感官愉悦，引起了人们对这个产品（价值）的好感，等等。愿望、兴趣、态度等是人的一切行为的原动力，它促使人们去追求价值，在此基础上产生对价值的新要求，对未来世界的理想和追求。可见，心理层次或经验层次的价值心理，是理性自觉的价值思想观念形成的基础和深层根源，有什么样的价值心理，就有什么样的价值思想观念。

（三）价值观的内容及分类

价值观是复杂多样的，包括对价值主体的确认，对现实价值的认识、体验和态度，对理想价值的追求。主体对现实价值的认识、体验、态度和理想，可依据价值的分类从人与自然关系、人与社会关系及人与自身关系层面来把握。

价值主体确认。对主客体关系中的价值主体的确认是价值观的核心和灵魂问题。任何一种价值观都是主体对价值对其利益和需要的满足状况的反映，因此，任何一种价值观都必然有提出它的主体，即价值满足了谁的需要，是对谁有益、为了谁的价值观。没有无主体的价值观，是谁的价值观就是站在谁的立场上，维护其利益、代表其意志。价值立场问题是价值观的首要的、核心的问题，是价值观的灵魂。有什么样的价值主体，就有什么样的价值观。在现实的主客体价值认识和反映的关系中，价值主体是具体的、明确的。因此，要评价一个价值观，首先就要明确其价值主体是谁，其利益和需要是什么；明确了价值主体，明确了其利益和需要，也就明确了它是一个什么样的价值观。

人与自然关系层面的价值观。人与自然关系层面的价值包括主体对产品及服务、知识等的认识、理解、体验、品味和评价，以及在此基础上形成的态度和理想。这个层面的价值观包括发展观、劳动观、知识观、科技观、财富观、环境观、生态观、勤劳观、节俭观、富强观等。

人与社会关系层面的价值观。人与社会关系层面的价值主要是社会规范。人与社会的关系是互为主客体关系，人和社会都既是主体，也是客体。总体来说，人与社会关系层面的价值观包括三个方面：一是个人对集体、社会的责任和义务方面，包括爱国观、集体观、奉献观、大局观以及遵纪守法观、爱岗敬业观、廉洁观等；二是个人与他人和谐相处、尊敬爱护他人方面，包括团结观、友爱观、助人为乐观、诚信观等；三是社会对个人主体的尊重及利益维护和实现，包括和平观、发展观、公平观、正义观、民主观、自由观等。

人与自身关系层面的价值观。人与自身关系层面的价值包括人的能力、人的本质力量、艺术和美等。人与自身关系层面的价值观包括自尊观、自爱观、自强观、自律观、审美观、艺术观等。

（四）价值观的根本特性

价值观属于主观思想范畴，具有个体性、为我性。

1. 价值观具有个体性

价值观的个体性，即任何主体的价值观都是特殊的、个体性的。价值主客体关系中的主体可以分为个体主体、群体主体、人类主体三个层次。主体的抽象层次高，并不意味着其价值观具有普遍性，从根本上，任何主体的价值观都是特殊的、个体性的。因为任何一个价值观反映的都是特定的主体的利益和需要；而任何一个主体的利益和需要都是独特的、唯一的，是其他主体不能代替的。"人类主体也是一种主体。一个主体，不能因其是主体的最高层次，就可以否定其他主体的相对独立性和特点，就认为人类主体的标准是唯一合理的标准。"① 任何价值观主体都必然是一定层次上的独立的主体，有自身特有的需要和利益，是唯一的、不可替代的，是特定情境中的"这一个"。任何价值观都是站在"这一个"主体的立场上对价值事实进行评价和判断，因而价值观必然是个性化的、是唯一的。不同的主体因其需要和利益不同，对相同的价值会有不同的反映。只要主体利益和需要没变，生存状态、生活方式没变，那么价值观也很难改变。

2. 价值观具有为我性

价值观具有为我性。活下去、存在下去，是一切生物的根本目的。现代生物学从基因角度解释了这个现象，威尔逊的《论人的天性》、道金斯的《利己的基因》等都表明，生物的存在和发展最根本的是由基因决定的，而基因的唯一目的，就是复制自己、生存下来。"包括人在内的一切物种都不可能超越遗传规律，作为宇宙最高现象的人类精神和大脑之所以得到如此高度的进化发展，不过是因为它们有利于基因的延续和繁衍。"② 尽管我们不能依据生物学的基因理论判定人性的本质是自私的，但可以判定，任何一个价值

① 马俊峰：《价值论的视野》，武汉大学出版社 2010 年版，第 120 页。
② [美] 威尔逊：《论人的天性》，林和生等译，贵州人民出版社 1987 年版，第 4 页。

观从归根结底的意义上讲，必然具有为我性，即每个价值主体都是从自己的需要和利益出发去评价、判断价值的好坏、对错，从而实际地维护自己的利益、满足自己的需要。

为我性不同于自私性，为我性指满足自己的需要，维护自己的利益，不涉及道德。而自私则是一个道德概念，只有主体存在有利或有害于社会、他人的情况，才谈得上道德问题。

综上，价值观的个体性、为我性决定了价值观是多元的。"元"即指主体的利益、需要，每一个价值主体都是从自身需要和利益出发，对价值进行体验、品味、评价和判断，价值主体的需要和利益各不相同，对价值的反映也必然是各不相同，这决定了不同主体的价值观是不同的，价值观必然是多种多样，具有多元性。

二、共同价值与价值观的原则区分

首先，共同价值与价值观是反映与被反映的关系。任何价值观都是主体根据自己的利益和需要对价值的反映（评价）。当某个客体对象的价值被实践确认之前，谈不上这个客体对象对人的价值问题，也就谈不上价值观问题。当某个客体对象的价值被实践确认之后，人们依据具体主体的利益和需要来判断客体对象对具体主体是否有意义时，实际上已经不是价值范畴的判断，而是价值观范畴的判断。任何价值观的产生，首先都必须有一个确定的客观对象和基础，即共同价值。共同价值及其实现具有客观性，属于关系性范畴；价值观具有个体主观性，属于实体性范畴。明确二者的地位，才能深刻理解二者各自的性质。

其次，共同价值具有客观普遍性，是一元的，而价值观是多元的。共同价值是在现实的实践活动的主客体关系中形成的，表明了客体属性与人类主体的利益和需要相契合、对人类主体有积极意义，表明共同价值满足了人类主体需要这一客观事实，具有客观普遍性和公理性，是一元的。而价值观是主体依据自身的利益和需要对价值满足自身需要情况的判断和评价，是关于客体对象好坏的讨论。每一个价值主体都有不同利益诉求、有明确的价值立场；任何主体的利益和需要都具有个体性，都是唯一的、不可替代的，人类主体也是多元中的一个元。不同主体的利益和需要不同，对同一个客体对象的判断和评价必然不同，因而价值观具有多元性。

和平与和平观。和平的核心内涵是没有战争、没有武装暴力冲突的状态。和平是人类社会存在的前提和基础，没有和平就没有一切。世界上各个国家的人民都追求和平，努力实现和平。但是，不同的价值主体根据自身的利益和需要对和平原则作出的价值判断和评价是不同的，形成了不同的和平观。历代剥削阶级把战争作为维护自身利益、满足自身需要的重要手段。资产阶级所主张的和平是符合资产阶级利益的和平，是能保证其统治地位和剥削权力的和平。而马克思主义无产阶级的和平观则强调，要以人民的力量争取和平，建立无产阶级政权，消灭阶级、消灭私有制和剥削，才能实现永久和平。

发展与发展观。发展主要是指社会发展，是以社会基本矛盾推动的，以科学技术发展为引领的，以经济增长和生产力提高为基础和核心的经济、政治、文化、社会、生态建设的协调推进和全面进步。发展推动社会进步和文明提升是客观事实，社会发展作为共同价值具有客观普遍性和公理性。而发展观，则是不同的价值主体根据自身的利益和需要对社会发展事实的反映和评价，是价值主体对发展及怎样发展的看法、观点，价值主体的利益和需要不同，其发展观也不同。资本主义的发展观与社会主义的发展观有着本质区别。资本主义的发展观以追求财富为目标，为了获得最大限度的利润，资本家不惜一切代价，正如马克思引用托·约·邓宁的话所言："资本害怕没有利润或利润太小，就像自然界害怕真空一样。一旦有适当的利润，资本家就大胆起来。"[1] 为此，资本主义强调通过自由竞争推动经济发展和社会进步，片面强调科学技术的工具性质，强调对外部自然界的单纯占有，同时，崇尚不劳而获价值观，通过剥削无偿占有工人的劳动来发财致富。社会主义的发展观强调，发展以人为本，是全体人民共享发展成果的发展，是人与自然和谐共生的绿色发展，是通过融入全球化、一体化的内外联动，

---

[1]《马克思恩格斯文集》第 5 卷，人民出版社 2009 年版，第 871 页。

促进社会的全面发展和全面进步。同时，社会主义倡导劳动光荣价值观，强调发展要通过技术创新、制度创新、理念创新来实现，特别强调技术研发和应用对社会发展的根本意义。

公平与公平观。公平即给人以应得，得所应得。尽管在不同时代、不同生产方式、不同社会制度等条件下，公平的实现形式不同，公平实现的广度和深度不同，但是都体现出公平价值的本质内涵及根本追求，是不以人的意志为转移的客观事实。而公平观是不同的价值主体根据自身的利益和需要对公平原则及其实现所作出的价值判断和评价。价值主体的利益和需要的不同，对公平的实现所作出的判断和评价也是不同的，在一些人眼里是公平，在另一些人眼里可能是不公平，因而公平观是多元的。在阶级社会，不同的阶级对公平实现的判断是不同的，具有阶级性。正如恩格斯所说的："希腊人和罗马人的公平观认为奴隶制度是公平的；1789年资产阶级的公平观则要求废除被宣布为不公平的封建制度。在普鲁士的容克看来，甚至可怜的专区法也是破坏永恒公平的。所以，关于永恒公平的观念不仅是因时因地而变，甚至也是因人而异，它是如米尔柏格正确说过的那样'一个人有一个理解'。"①人们对公平的实现所作的判断和评价因人而异。

正义与正义观。正义即对人作为主体的尊重、肯定和实现，是

---

① 《马克思恩格斯全集》第18卷，人民出版社1972年版，第310页。

人类普遍追求的共同价值。而正义观则是价值主体依据自身的利益和需要对正义原则及其具体实现成果的理解、体验、评价、态度和要求。正义观属于人们的思想、观念范畴。不同价值主体的利益和需要不同，因而形成了不同的正义观。在阶级社会中，不同阶级、不同利益集团对正义的理解是不同的，有时甚至是相反的，统治阶级认为是正义的，被统治阶级则认为是不正义的；奴隶主阶级、封建地主阶级、资产阶级认为剥削是正义的，而奴隶、农民、工人阶级认为剥削是非正义的，这就是不同阶级、集团的正义观。在社会主义国家看来，正如列宁所言，资产阶级民主和资产阶级议会制的剥削性质就是"被压迫阶级得到的权利就是每隔几年决定一次究竟由有产阶级中的什么人在议会里'代表和镇压'（ver-und zertreten）人民"[1]。由此观之，所谓的资本主义国家的"正义"恰好正是其"非正义"的意识形态包装。可见，正义观具有个体性、多元性。在现实中要注意正义原则与正义观的区分，否则就会造成困惑。

民主与民主观。民主的基本内涵即人民当家作主，民主实现的形式尽管不同，但都是人民当家作主的表现。而民主观是价值主体根据自身的利益和需要对民主原则及其实现所作出的价值判断，形成不同的民主观念。民主观是个体性的、具体的，是由判断主体的

---

[1]《列宁全集》第35卷，人民出版社2017年版，第487页。

利益和需要决定的，因而是多元的。资本主义民主代表资产阶级利益、满足资产阶级的需要，就是资产阶级的民主观。资产阶级通过混淆一般民主原则与民主观，打着全体人民的幌子欺骗劳动人民。马克思主义强调，社会主义民主才是真正代表人民利益的民主，这是无产阶级、劳动人民群众的民主观。

自由与自由观。自由即主体不受限制地按照自己的意识自主活动。不同历史时代，生产力发展、科学技术水平不同，社会制度性质不同，自由的具体实现状况也不相同，因而自由的实现具有相对性、历史性，但是，从人类主体角度，"自由是否实现"是一个客观事实，不以人的意志为转移。而自由观则是主体对自由及其实现的反映和评价。不同的主体利益和需要不同，其禀赋和能力不同，思考问题的视角不同，因而对自由及其实现的体验、评价和判断也不同，因此形成不同的自由观。例如，资本家和工人对自由的理解就是不同的，资本家理解的自由是剥削的自由，而工人理解的自由是不被资本家剥削的自由。自由观具有个体性、为我性特点。

第四章
全人类共同价值的实现路径探讨

　　具有客观普遍性、公理性的全人类共同价值，只有在现实生产、生活中实现出来，才能使人们满足需要，享受价值。全人类共同价值的实现，受到生产力发展水平、科学技术进步程度以及社会制度等的影响和制约。不同时代、不同生产力水平、不同社会制度条件下，全人类共同价值的实现形式、实现程度是不同的。在互联网技术体系推动的深度全球化时代，人类文明既获得前所未有的进步，也面临前所未有的全球性问题和危机。习近平总书记指出："今天，互联网、大数据、云计算、量子卫星、人工智能迅猛发展，人类生活的关联前所未有，同时人类面临的全球性问题数量之多、规模之大、程度之深也前所未有。世界各国人民前途命运越来越紧密地联系在一起。"[1]当今世界各国经济相互渗透，彼此相互依存的程度日益加深，如果各个国家之间争权夺利、恶性竞争，甚至兵戎相见，人类就会面临灾难性危机。因此，世界各国人民要实现自由幸福的生活，就必须坚持共商共建共享原则，在努力争取世界和平的前提下，推动全球发展，促进公平、正义、民主、自由的普遍实现。

---

① 《十九大以来重要文献选编》（上），中央文献出版社 2019 年版，第 109 页。

第一节　共同维护世界和平

　　和平是相对战争而言的，要维护世界和平，就必须避免暴力冲突和战争。随着全球化深度发展、全球性困境和危机的加重，人类的和平与发展面临前所未有的挑战。在这种背景下，世界和平更加需要大家共同维护。习近平总书记指出："为弥补和平赤字、破解全球安全困境，中方提出全球安全倡议，倡导各国秉持共同、综合、合作、可持续的安全观，推动构建均衡、有效、可持续的安全架构。"①"坚持对话协商，建设一个持久和平的世界。国家和，则世界安；国家斗，则世界乱。"②"为了促进世界安危与共，中方愿在此提出全球安全倡议：我们要坚持共同、综合、合作、可持续的安全观，共同维护世界和平和安全；坚持尊重各国主权、领土完整，不干涉别国内政，尊重各国人民自主选择的发展道路和社会制度；坚持遵守联合国宪章宗旨和原则，摒弃冷战思维，反对单边主义，不搞集团政治和阵营对抗；坚持重视各国合理安全关切，秉持安全不可分割原则，构建均衡、有效、可持续的安全架构，反对把本国安全建立在他国不安全的基础之上；坚持通过对话协商以和平方式解决国家间的分歧和争端，支持一切有利于和平解决危机的

---

① 习近平：《把握时代潮流　加强团结合作　共创美好未来——在上海合作组织成员国元首理事会第二十二次会议上的讲话》，人民出版社 2022 年版，第 5 页。

② 习近平：《论坚持推动构建人类命运共同体》，中央文献出版社 2018 年版，第 418—419 页。

努力，不能搞双重标准，反对滥用单边制裁和'长臂管辖'；坚持统筹维护传统领域和非传统领域安全，共同应对地区争端和恐怖主义、气候变化、网络安全、生物安全等全球性问题。"①

一、顺应世界人民和平呼声和永恒期盼

自古以来，人类饱经战争之苦，特别是近 100 多年来，经历过两次世界大战的灾难，人们心中的战争阴云挥之不去。新科技革命推动下，全社会数字化、网络化、智能化迅猛发展，经济全球化向纵深推进，文化多样化、世界多极化持续扩展，世界各个国家和人民相互联系、相互依存程度空前提高，全球命运休戚与共，全世界的人民比以往时代更加渴望和平，期盼和平。2014 年 9 月，习近平总书记在纪念孔子诞辰 2565 周年国际学术研讨会暨国际儒学联合会第五届会员大会开幕会上指出："世界各国人民都希望生活在祥和的氛围之中，期盼战争、暴力远离人类。"② 党的十八大报告强调："人类只有一个地球，各国共处一个世界。历史昭示我们，弱肉强食不是人类共存之道，穷兵黩武无法带来美好世界。要和平不要战争，要发展不要贫穷，要合作不要对抗，推动建设持久和平、

---

① 《习近平谈治国理政》第四卷，外文出版社 2022 年版，第 451 页。
② 习近平：《在纪念孔子诞辰 2565 周年国际学术研讨会暨国际儒学联合会第五届会员大会开幕会上的讲话》，人民出版社 2014 年版，第 2 页。

共同繁荣的和谐世界，是各国人民共同愿望。"①

和平作为人类共同事业，是世界人民的共同盼望，也需要世界各个国家和人民共同争取、共同维护；只有人人都珍爱和平、维护和平，和平才有希望。"国家无论大小、强弱、贫富，都应该做和平的维护者和促进者，不能这边搭台、那边拆台，而应该相互补台、好戏连台。"②全世界各个国家和人民都应该像爱护眼睛一样爱护和平，像珍惜生命一样珍惜和平，共同维护和平，多方实现和平。

二、各国互相尊重主权和领土完整

人类是以社会的形式存在和发展的，在共同的生产生活中，人们之间结成一定的联系、关系。在社会关系中，不同国家或地区、不同民族等之间由于各自的利益和需要不同，存在着矛盾和冲突。各个国家在处理彼此矛盾冲突时，必须以互相尊重主权和领土完整为根本原则。主权作为国家独立自主处理对内对外事务的权利，涉及国格和国家的尊严，正如邓小平所指出的："谈到人格，但不要忘记还有一个国格。特别是像我们这样第三世界的发展中国家，没

---

① 《十八大以来重要文献选编》（上），中央文献出版社 2014 年版，第 36 页。
② 《习近平关于总体国家安全观论述摘编》，中央文献出版社 2018 年版，第 260 页。

有民族自尊心，不珍惜自己民族的独立，国家是立不起来的。"①

当今世界，一些西方发达国家恃强凌弱，唯我独尊，肆意践踏别国主权和领土完整，搞单边主义、极端利己主义。习近平总书记指出："安全应该是普遍的。不能一个国家安全而其他国家不安全，一部分国家安全而另一部分国家不安全，更不能牺牲别国安全谋求自身所谓绝对安全。"② 人类社会实践表明，任何单边主义、保护主义、极端利己主义，都是根本行不通的！任何讹诈、封锁、极限施压的方式，都是根本行不通的！任何我行我素、唯我独尊的行径，任何搞霸权、霸道、霸凌的行径，都是根本行不通的！不仅根本行不通，最终必然是死路一条！

三、通过对话协商机制解决争端

维护世界和平和安全，需要彼此尊重和理解，需要不断建立健全对话协商机制。"我们要完善机制和手段，更好化解纷争和矛盾、消弭战乱和冲突。"③

动物个体或群体之间产生利益冲突时，通过攻击行为解决问题，这是动物的本能。人超越于动物之处在于，人在通过劳动改

---

① 《邓小平文选》第 3 卷，人民出版社 1994 年版，第 331 页。
② 《习近平谈治国理政》第一卷，外文出版社 2018 年版，第 354 页。
③ 习近平：《论坚持推动构建人类命运共同体》，中央文献出版社 2018 年版，第 418—419 页。

造外在自然、创造物质财富的同时，也改造身内自然，通过不断创造积累而形成了人所特有的精神文化世界、理性能力及理性成果。人类有能力通过文明的、理性的方式解决争端。理性和现实告诉人们，诉诸武力，不能根本解决问题；靠你死我活、一方吃掉另一方的战争方式解决各个国家或民族之间的争端，会造成人员大量死亡，人民颠沛流离，违背人们追求自由、幸福生活的初衷。对话协商，既可以最大限度实现彼此利益，又可以合作共赢。弱肉强食、丛林法则不是人类的共存之道，穷兵黩武、强权独霸不是人类和平之策，赢者通吃、零和博弈不是人类发展之路。"我们要践行真正的多边主义，坚持国际和地区的事大家商量着办。中方坚决反对霸权主义和强权政治，愿同周边邻国长期友好相处，共同维护地区持久和平，绝不寻求霸权，更不会以大欺小。"① 要创建各方对话协商机制，使对话协商制度化、法律化，彼此了解对方的核心利益，增进互信，减少猜疑，共同商量解决问题的办法。

总之，对话协商能使人们充分体会到其他国家和人民的难处，推己及人，站在对方立场上考虑问题，全面提出解决问题的方案。通过对话协商，使人们充分认识到和则两利，斗则两败，特别是大国全面对抗只会造成两败俱伤，绝不会有最后的赢家。

---

① 《习近平外交演讲集》第二卷，中央文献出版社2022年版，第419页。

四、和平的实现需要世界各个国家和人民共同维护

和平作为全人类共同价值是世界各个国家和人民都迫切需要的，需要各个国家和人民共同争取和维护。习近平总书记指出："和平是宝贵的，和平也是需要维护的，破坏和平的因素始终值得人们警惕。大家都只想享受和平，不愿意维护和平，那和平就将不复存在。"[①] 和平问题属于全球性问题，维护世界和平是各个国家和人民的共同责任，捍卫世界和平不能靠一国或少数国家的努力，而是需要大家共同努力，"历史告诉我们，和平是需要争取的，和平是需要维护的。只有人人都珍惜和平、维护和平，只有人人都记取战争的惨痛教训，和平才是有希望的"[②]。

在当前全球化日益深入、人们之间交往日益密切、人类的命运日益连接为一体的背景下，和平与各个国家和人民利益休戚与共，一国的和平安全离不开其他国家的和平与安全，任何一个国家都不可能在其他国家动乱和战争中获得安全，也没有任何一个国家可以凭单打独斗来谋求自身的安全。世界和平安全是世界各个国家的和平安全，不存在一个国家或少数国家的孤立的绝对安全。推行霸权主义、强权政治，不能保证本国的绝对安全。习近平总书记强调："邻居出了问题，不能光想着扎好自家篱笆，而应该去帮一把。

①《习近平关于总体国家安全观论述摘编》，中央文献出版社2018年版，第265页。
② 习近平：《在南京大屠杀死难者国家公祭仪式上的讲话》，人民出版社2014年版，第4页。

'单则易折，众则难摧。'各方应该树立共同、综合、合作、可持续的安全观。"①

实现世界和平，要共同维护和遵守联合国宪章和原则。联合国的根本宗旨是维护国际和平与安全；发展国际间以尊重各国人民平等权利及自决原则为基础的友好关系；进行国际合作，促进对于全体人类的人权和基本自由的尊重；等等。任何违背联合国宗旨和原则的行为都要受到制止和谴责，任何国家都没有超越于联合国之上的特权。必须发挥联合国的重要作用，"世界各国应该共同维护以联合国宪章宗旨和原则为核心的国际秩序和国际体系，积极构建以合作共赢为核心的新型国际关系，共同推进世界和平与发展的崇高事业"②。同时，要发挥好联合国在斡旋、调解等方面的作用，化干戈为玉帛，促进人类和平的恒久实现。

第二节　努力推动世界发展

发展是人类社会的永恒主题。从根本上讲，只有通过持续发展，物质生产水平不断提高、经济发展不断进步，才能创造出越来越多的社会财富，不断满足人民的物质和精神文化生活需要，保证每个人利益的普遍实现，实现人民自由幸福的美好生活。当今世界

---

① 《习近平著作选读》第一卷，人民出版社 2023 年版，第 566 页。
② 《习近平谈治国理政》第二卷，外文出版社 2017 年版，第 446 页。

正经历百年未有之大变局，人类面临着前所未有的诸多挑战，"面对重重挑战和道道难关，我们必须攥紧发展这把钥匙。唯有发展，才能消除冲突的根源。唯有发展，才能保障人民的基本权利。唯有发展，才能满足人民对美好生活的热切向往"[①]。发展是解决一切问题的总钥匙，要努力通过共同的发展、公平的发展、合作的发展、开放的发展、创新的发展、全面的发展等，促进可持续发展普遍实现，惠及全世界广大人民。

一、坚持以人民为中心

人民群众是历史的主体，是历史的创造者，是生产实践的主体承担者。人民群众的历史主体地位是由物质生产实践在人类社会中的基础性、决定性地位决定的。人民群众的总体意愿和行动代表了历史发展的方向。人民群众也是社会发展的价值主体，人民群众的利益和需要的满足状况，是评价社会发展状况的总体标准和尺度。人民群众的历史主体和价值主体的地位决定了社会发展必须以人民为中心，发展为了人民，发展依靠人民，发展成果由人民共享。习近平总书记指出："我们应该坚持互利共赢，共同推动经济社会发展更好造福人民。……为了人民而发展，发展才有意义；依靠人

[①] 习近平：《论坚持推动构建人类命运共同体》，中央文献出版社 2018 年版，第 248—249 页。

民而发展,发展才有动力。世界各国应该坚持以人民为中心,努力实现更高质量、更有效率、更加公平、更可持续、更为安全的发展。要破解发展不平衡不充分问题,提高发展的平衡性、协调性、包容性。要增强人民发展能力,形成人人参与、人人享有的发展环境,创造发展成果更多更公平惠及每一个国家每一个人的发展局面。"① "只有各国人民都过上好日子,繁荣才能持久,安全才有保障,人权才有基础。"② 推动世界发展的总体目标和根本目的,是实现人民群众的需要的满足和自由的实现。各个国家应该以实现每个人自由全面发展作为出发点和落脚点,以每个人生活幸福、利益实现为发展目标。只有立足于人民立场,才能使发展真正实现可持续、具有长远意义。

世界发展是一个总体过程,发展最终要依靠人民群众的力量,人民是历史的主体和创造者,是社会生产力发展的根本推动力量。只有依靠人民、充分发挥人民群众的积极性、主动性、能动性和创造性,世界经济才能实现真正的繁荣发展。而要调动人民群众的积极性、主动性,增加人民群众的能动性和创造性,最根本的就是要让社会发展的成果惠及广大人民群众,要让人民群众尽可能地占有和享受到更多的产品及服务等,由此,既可以使人民体会到发展

---

① 习近平:《在中华人民共和国恢复联合国合法席位 50 周年纪念会议上的讲话》,《人民日报》2021 年 10 月 26 日第 2 版。
② 习近平:《构建高质量伙伴关系 共创全球发展新时代——在全球发展高层对话会上的讲话》,《人民日报》2022 年 6 月 25 日第 2 版。

带来的满足和快乐，又可以使人民群众从发展、从人化自然中更多汲取内含于其中的人类主体力量，从而丰富和完善自己的精神文化世界。

二、坚持世界各国共同发展

在数字技术体系为引领的新质生产力发展的推动下，在智能网络建立起的普遍互联的支持下，世界经济的复苏、繁荣表现为内在统一的整体，不是个别国家、个别地区的繁荣；离开世界经济繁荣发展整体，也不可能有个别国家、个别地区的充分发展和全面繁荣。"我们要争取公平的发展，让发展机会更加均等。各国都应成为全球发展的参与者、贡献者、受益者。不能一个国家发展、其他国家不发展，一部分国家发展、另一部分国家不发展。"[①] "一花独放不是春，万紫千红春满园"，一个更加美好的地球，需要世界上各个国家、各个地区共同发展，共同繁荣。习近平总书记指出："天空足够大，地球足够大，世界也足够大，容得下各国共同发展繁荣。一些国家越来越富裕，另一些国家长期贫穷落后，这样的局面是不可持续的。水涨船高，小河有水大河满，大家发展才能发展大家。各国在谋求自身发展时，应该积极促进其他国家共同发展，

---

① 习近平：《论坚持推动构建人类命运共同体》，中央文献出版社 2018 年版，第 248 页。

让发展成果更多更好惠及各国人民。"①

　　要实现全世界所有的国家一起共同发展，就必须摒弃那种"人对人是狼"的原子式思维，摒弃"他人即地狱"单纯主客体关系的思维。实际上，人与人之间是互为主客体关系，在本质上是相互联系、相互促进、相互支持的关系。特别是在当今互联网时代，各个国家和地区之间密切连接为一个大网，人类社会发展"一荣俱荣，一损俱损"。那种认为其他国家的发展必然损害本国的思维，那种试图通过直接占有其他国家的财富谋求自己富有的思维，是纯粹动物式思维。2015年9月28日，习近平主席在第七十届联合国大会一般性辩论时指出："大家一起发展才是真发展，可持续发展才是好发展。"②"一些国家越来越富裕，另一些国家长期贫穷落后，这样的局面是不可持续的。"③在第七十六届联合国大会一般性辩论上的讲话中，习近平主席强调："一国的成功并不意味着另一国必然失败，这个世界完全容得下各国共同成长和进步。"④

　　习近平总书记通过义与利的辩证关系，来讲什么是共同发展，如何实现共同发展："义，反映的是我们的一个理念，共产党人、社会主义国家的理念。这个世界上一部分人过得很好，一部分人过得很不好，不是个好现象。真正的快乐幸福是大家共同快乐、共同

---

① 习近平：《论坚持推动构建人类命运共同体》，中央文献出版社2018年版，第132页。
② 《习近平谈治国理政》第二卷，外文出版社2022年版，第524页。
③ 《习近平关于总体国家安全观论述摘编》，中央文献出版社2018年版，第232页。
④ 《习近平谈治国理政》第四卷，外文出版社2022年版，第470页。

幸福。我们希望全世界共同发展，特别是希望广大发展中国家加快发展。利，就是要恪守互利共赢原则，不搞我赢你输，要实现双赢。我们有义务对贫穷的国家给予力所能及的帮助，有时甚至要重义轻利、舍利取义，绝不能唯利是图、斤斤计较。"[1] 促进世界发展，"各国要同舟共济、和衷共济，在追求本国利益时兼顾他国合理关切，在谋求本国发展中促进各国共同发展，建立更加平等均衡的新型全球发展伙伴关系，增进人类共同利益，共同建设一个美好的地球家园"[2]。世界各国共同发展的理念得到国际社会高度评价和赞誉。

三、坚持合作共赢的发展

在当今互联网时代，数字技术体系加持下的智能互联网推动社会发展的实现日益呈现一体化趋势，生产、消费、分配日益彼此渗透、相互连接，国际上产业链、供应链、消费链日益融合为统一整体，国际分工协作日益深化、细化，人类劳动社会化达到了前所未有的广度和深度。在这种时代背景下，各个国家、地区只有彼此合作，互惠互利，才能实现世界经济复苏和繁荣发展。习近平总书记指出："合作才能办成大事，办成好事，办成长久之事。发达国

---

[1] 王毅：《坚持正确义利观 积极发挥负责任大国作用》，《人民日报》2013 年 9 月 10 日第 7 版。
[2]《十八大以来重要文献选编》（上），中央文献出版社 2014 年版，第 37 页。

家要履行义务，发展中国家要深化合作，南北双方要相向而行，共建团结、平等、均衡、普惠的全球发展伙伴关系，不让任何一个国家、任何一个人掉队。要支持联合国在全球发展合作中发挥统筹协调作用，鼓励工商界、社会团体、媒体智库参与全球发展合作。"①

当前一些西方国家，基于资本主义私有制度，固守传统资本逻辑，为了利润唯利是图，不择手段。其他国家必须按照自己的意志行事，任自己宰割，否则便加以制裁，这正是破坏和平合作共识、逆和平发展时代主题而行的体现，其霸权主义、强权行径，是无论如何也得不到国际社会的认可和支持的。

中国提出的"一带一路"倡议是践行合作共赢的典范。中国倡导并努力推动实施"一带一路"，坚持开放、融通、合作共赢的合作观，强调"一带一路"不是中国一家的事，不仅着眼于中国自身的发展，更是以中国发展为契机，通过与共建国家分工合作，让更多的国家搭上中国发展快车，以帮助共建国家实现发展的目标。"推进'一带一路'建设，一是要切实推进思想统一，坚持各国共商、共建、共享，遵循平等、追求互利，牢牢把握重点方向，聚焦重点地区、重点国家、重点项目，抓住发展这个最大公约数，不仅造福中国人民，更造福沿线各国人民。"② 推动共建国家实现发展战略相

① 习近平：《构建高质量伙伴关系　共创全球发展新时代——在全球发展高层对话会上的讲话》，《人民日报》2022 年 6 月 25 日第 2 版。
② 《习近平谈治国理政》，外文出版社 2014 年版，第 323 页。

互对接，优势互补，共同发展。独行快，众行远。"一带一路"用实际行动向世界宣告，这是一条促进共同发展、实现共同繁荣的合作共赢之路，也是一条增进理解信任、加强全方位交流的和平友谊之路。加强优势互补，全面深化合作，促进互利共赢，以"一带一路"理念和机制来推进世界发展，才能实现世界发展持久繁荣。

四、坚持开放共享的发展

坚持开放原则，同世界分享机遇、共享发展成果，是时代发展的必然趋势。当前，美西方资本主义国家狭隘地立足于本国利益，"逆全球化"而动，形形色色的保护主义升温，以强权推动单边主义。习近平主席在金砖国家工商论坛开幕式上的主旨演讲中，用形象生动的比喻揭示了人类命运与共的现实逻辑："事实一再证明，制裁是'回旋镖'、'双刃剑'，把世界经济政治化、工具化、武器化，利用国际金融货币体系的主导地位肆意制裁，终将损人害己，使世界人民遭殃。"[1] 在这个全球一体化、世界发展整体化的时代，开放共享是当今时代的世界发展的内在要求和必然趋势，"世界经济的大海，你要还是不要，都在那儿，是回避不了的。想人为切断各国经济的资金流、技术流、产品流、人员流，让世界经

---

[1] 习近平：《把握时代潮流 缔造光明未来——在金砖国家工商论坛开幕式上的主旨演讲》，《人民日报》2022年6月23日第2版。

济的大海退回到一个一个孤立的小湖泊、小河流，是不可能的，也是不符合历史潮流的"①。

实现世界开放共享的发展，首先，世界上各个国家都要破除"小圈子"心理，建立健全开放共享发展新机制，促进世界经济全面发展。习近平总书记指出："我们要共同营造有利于发展的国际环境。保护主义是作茧自缚，搞'小圈子'只会孤立自己，极限制裁损人害己，脱钩断供行不通、走不远。我们要真心实意谋发展、齐心协力促发展，建设开放型世界经济，构建更加公正合理的全球治理体系和制度环境。"② 其次，要放弃二元对立的冷战思维，最大限度地寻找共识，建立合作共享基础。中国共产党以胸怀天下的历史格局，深刻追求作为全人类共同价值的发展原则，持续推动建设一个持久和平、普遍安全、共同繁荣、开放包容、清洁美丽的世界。

五、坚持科技创新的内生发展

生产力是实现社会发展的根本推动力，科学技术是第一生产力。要实现当今世界的繁荣发展，最根本的是要靠科学技术的力

①《习近平谈治国理政》第二卷，外文出版社 2017 年版，第 478 页。
② 习近平：《构建高质量伙伴关系 共创全球发展新时代——在全球发展高层对话会上的讲话》，《人民日报》2022 年 6 月 25 日第 2 版。

量，要把科技创新作为经济增长的决定性因素，推动世界经济实现质的飞跃发展。

今天的新质生产力革命不是由某一项科技创新推动的，而是以移动通信、信息数字化以及互联网、物联网、云计算、区块链、人工智能等新信息技术相互融合、相辅相成、相互促进而形成的数字技术体系为引领和推动的，其核心在于大数据成为新型生产资料，解放人的脑力，极大地提高劳动"观念改造"事物过程的效率。在数字技术体系加持下，新能源新材料技术、绿色低碳技术、生命科学及生物技术等带动海洋开发、现代农业、生物制造、环境保护、健康服务等产业迅猛发展，给世界经济发展带来无限商机。

靠掠夺和剥削强占他人的劳动成果，不是真正的发展。真正的发展必须是依靠科技创新而实现的可持续的内生性发展。发展的关键在于坚持创新驱动，开拓发展新境界。"在移动互联网、大数据、超级计算、传感网、脑科学等新理论新技术的驱动下，加上经济社会发展对信息技术的需求旺盛，人工智能加速发展，呈现出深度学习、跨界融合、人机协同、群智开放、自主操控等新特征，正在对经济发展、社会进步、国际政治经济格局等方面产生重大而深远的影响。"[1] 依靠科技创新实现内生性发展，是当今时代社会发展的本质要求，也是人类发展实现的根本路径。

---

[1]《习近平关于网络强国论述摘编》，中央文献出版社2021年版，第119页。

第三节　坚决捍卫公平正义

作为全人类共同价值，公平、正义内在相连，公平侧重于手段，正义侧重于目标，是人类实现自由的原则、标尺和价值追求。习近平总书记指出："公平正义是世界各国人民在国际关系领域追求的崇高目标。在当今国际关系中，公平正义还远远没有实现。"①针对国际社会上存在的种种不公平、非正义的现象，我们必须坚定地推动公平与正义的普遍实现。

一、促进经济社会持续发展，奠定公平正义实现根基

物质生活资料的生产活动，是人类社会存在和发展的前提和基础，人们只有在获得了基本的衣食住用行等物质资料满足的基础上，才能追求其他的更高层次需要的满足。促进经济社会发展，创造更多的物质财富，是社会公平正义实现的坚实物质基础和条件。习近平总书记指出："实现社会公平正义是由多种因素决定的，最主要的还是经济社会发展水平。在不同发展水平上，在不同历史时期，不同思想认识的人，不同阶层的人，对社会公平正义的认识和诉求也会不同。我们讲促进社会公平正义，就要从最广大人民根本

---

① 习近平：《论坚持推动构建人类命运共同体》，中央文献出版社 2018 年版，第 133 页。

利益出发，多从社会发展水平、从社会大局、从全体人民的角度看待和处理这个问题。……我们必须紧紧抓住经济建设这个中心，推动经济持续健康发展，进一步把'蛋糕'做大，为保障社会公平正义奠定更加坚实物质基础。"[1] 只有经济持续发展，把"蛋糕"做大，才能谈如何分"蛋糕"的问题。

实现公平正义最基本的是保证和促进生产力发展，促进经济持续进步、提高。生产力的高度发展、社会经济的持续进步之所以是绝对必需的实际前提，是因为"如果没有这种发展，那就只会有贫穷的普遍化；而在极端贫困的情况下，就必须重新开始争取必需品的斗争，也就是说，全部陈腐的东西又要死灰复燃"[2]。在极端贫困情况下，人实际上就会陷入动物一样的生存境地，为了生存而不顾一切，也就谈不上公平、正义的需要与追求。

当然，强调生产力不断提高、社会经济的繁荣发展，并不是说，等经济发展好了，等物质财富极大丰富了，我们再讲公平正义的实现问题。习近平总书记指出："这样讲，并不是说就等着经济发展起来了再解决社会公平正义问题。一个时期有一个时期的问题，发展水平高的社会有发展水平高的问题，发展水平不高的社会有发展水平不高的问题。'蛋糕'不断做大了，同时还要把'蛋糕'分好。……我们要在不断发展的基础上尽量把促进社会公平正

---

[1]《习近平关于全面深化改革论述摘编》，中央文献出版社 2014 年版，第 97 页。
[2]《马克思恩格斯全集》第 3 卷，人民出版社 1960 年版，第 39 页。

义的事情做好，既尽力而为、又量力而行，努力使全体人民在学有所教、劳有所得、病有所医、老有所养、住有所居上持续取得新进展。"① 国际上公平正义的实现也是如此，需要在世界经济持续发展、不断创造越来越多的财富的基础上，才能实现。

二、加强制度法规建设，稳固公平正义实现的制度防线

社会制度作为一种社会规范，是系统化、固定化、体系化、成文化的行为规范，其特点就在于强制性和权威性，它要求人们的行为必须如此，违背制度规范就要受到相应的惩罚。有什么样的制度就造就什么样的个人。好的制度营造一种良好社会氛围，它明确告诉人们什么是正确的，引导人们去做对的、合乎规范的行为，以劳动创造的方式去满足需要，而不损害他人和社会的利益，从而积极推动公平正义实现。习近平总书记强调："不论处在什么发展水平上，制度都是社会公平正义的重要保证。我们要通过创新制度安排，努力克服人为因素造成的有违公平正义的现象，保证人民平等参与、平等发展权利。要把促进社会公平正义、增进人民福祉作为一面镜子，审视我们各方面体制机制和政策规定，哪里有不符合促进社会公平正义的问题，哪里就需要改革；哪个领域哪个环节问题

---

① 《习近平著作选读》第一卷，人民出版社 2023 年版，第 185 页。

突出，哪个领域哪个环节就是改革的重点。"①

当年，国际社会为了避免再次陷入全球冲突，成立了联合国等国际组织，并制定了一系列国际法和规则。国际法是适用于主权国家之间以及其他具有国际人格的实体之间的法律体系。国际法的形成有以下几种方式：一是国家之间通过协议形成的条约，二是国际习惯法，三是国际交往中各国公认的一般法律原则。国际法及国际规则是国际社会普遍确认的客观法则，对于具体国家来说具有普遍约束力。国际法强调各国主权平等，相互尊重主权和领土完整，互不侵犯、互不干涉内政，平等互利、和平共处。"国家不分大小、强弱、贫富，都是国际社会平等成员，理应平等参与决策、享受权利、履行义务。"②

尽管国际法、国际规则实行起来困难重重，但是，这是国际社会普遍确认的客观法则，我们必须坚决维护。习近平总书记指出："现行国际秩序并不完美，但只要它以规则为基础，以公平为导向，以共赢为目标，就不能随意被舍弃，更容不得推倒重来。"③我们要坚定地遵守、执行人类在社会实践中积累、创造而形成并经过实践验证确立起来的国际法和国际规则，稳固公平正义实现的制度防线。

---

① 《习近平谈治国理政》，外文出版社 2014 年版，第 97 页。
② 习近平：《论坚持推动构建人类命运共同体》，中央文献出版社 2018 年版，第 406 页。
③ 《习近平外交演讲集》第二卷，中央文献出版社 2022 年版，第 126 页。

三、通过公共产品和服务供给均等化促进公平与正义全面实现

公共产品是用来满足社会公众的共同需要，在消费上具有非排他性和非竞争性的产品和服务的总称。生活服务类的公共产品和服务，包括义务教育、优抚救济、社会保障、社会治安、文化生活、卫生保健，以及行政、法律和社区服务等。生产服务类的公共产品和服务，包括生态环境建设、环境综合整治，防灾减灾、气象、公共科技资源与服务等。加大公共产品和公共服务的供给有利于降低经济活动的生产成本和交易成本，促进经济发展，增加人民收入，推动公平正义的全面实现。习近平总书记强调，加紧建设对保障社会公平正义具有重大作用的制度，逐步建立以权利公平、机会公平、规则公平为主要内容的社会公平保障体系。基本公共产品、服务均等化供给对于保障弱势群体的基本权利、促进社会的全面进步和发展具有重大意义。

从国际看，全球公共产品是指全世界范围内供给的、通过各个国家集体合作供给的、各个国家都可以从中获益的公共产品和服务，是公共产品概念在全球范围内的延伸和拓展，因而具有非排他性和非竞争性。全球公共产品和服务包括全球环境保护方面的，如生物多样性保护及气候变化、臭氧层保护、海洋保护、极端天气预防等；全球经济发展方面的，如知识产权保护、国际贸易、金融、国际营商环境稳定及跨越国界的通信与运输体系、协调跨国界的制度基础

设施、全球公地的集中管理等；全球公共卫生方面的，如全球基本医疗保障、全球公共卫生、疾病防治等；国际政治与法制体系方面的，如国际法、人权和民主的发展、国际组织、全球和平与安全等。

全球公共产品供给对于促进全球各个国家发展，特别是对促进贫困落后国家的经济发展，具有重要意义。中国积极提供全球治理资金支持，如不断提高联合国会费和维和摊款金额，在全球治理中提供资金支持；积极推动"一带一路"建设，为发展中国家参与国际经济合作提供了机遇；等等。

四、依靠新数字技术体系推动公平正义深度实现

推动公平正义在全球普遍实现，还要依赖于科学技术发展及其在社会生产和生活中的普遍应用。当前，包括人工智能、大数据、互联网、云计算、区块链等在内的数字技术体系是科学技术革命的核心和引领力量，特别是随着5G等新技术的迅猛发展和普遍应用，新数字技术在促进人类社会公平正义的普遍实现方面，日益发挥重要作用。

以与人民群众生活密切相关的教育和医疗为例。全球教育不平等一直是一个令人忧心的问题。在传统技术时代，教育受到时间和空间的限制以及受教育者年龄的限制，存在教育特权等不公平问题。全球许多国家、地区的孩子无法接受良好的教育，成人教育

更是难上加难。而在智能互联网技术体系支持下，线上教育日益兴起，特别是近两年迅猛发展。线上课堂实时互动、高效便捷。全球各地的学生或教师都可以根据需要随意建立课堂，同步授课或同步学习。线上教育、数字图书馆等日益摆脱传统教育在时间和空间上的限制，实现教育的普遍化。习近平总书记强调："因应信息技术的发展，推动教育变革和创新，构建网络化、数字化、个性化、终身化的教育体系，建设'人人皆学、处处能学、时时可学'的学习型社会，培养大批创新人才，是人类共同面临的重大课题。……我们将通过教育信息化，逐步缩小区域、城乡数字差距，大力促进教育公平，让亿万孩子同在蓝天下共享优质教育、通过知识改变命运。"[①] 无疑，数字化互联网技术体系在推动全球教育公平实现方面必将发挥根本促进作用。

医疗资源不平等也是世界各地普遍存在的问题。传统技术时代人们就医受到严格的时间和地点限制，且存在偏远地区医疗条件差等医疗资源不公平等现象。基于数字化互联网技术体系，互联网预约挂号、互联网诊疗远程医疗等正在变成现实。一方面，互联网医疗体系可以有效避免慢性病患者反复奔赴医院，常见病患者去人满为患的大医院就诊等麻烦，电子诊疗记录等也可以为患者制订更好的诊疗计划，保证治疗最高效且最有效；另一方面，5G 网络加持

---

① 《习近平关于网络强国论述摘编》，中央文献出版社 2021 年版，第 17 页。

人工智能为远程医疗及远程手术等提供技术支持，患者在家里就可线上预约医生，在线问诊、开处方药，可以更好地跟踪治疗、日常保健等，超越时间、地点，促进医疗资源的全球公平分配。尽管因为全球信息基础设施建设及资源较不均衡，线上教育、网络诊疗等还很难普遍实现，但数字信息技术体系为实现全球公平正义提供了技术支持和可能，只要持续努力就一定会变成现实。

第四节　持续推进民主进程

民主作为全人类共同价值，其本质即人民当家作主。在民主的实现过程中，人民的意愿能够得到有效表达，更重要的是能够得到有效实现。民主的实现，既要有完整的制度程序，也要有完整的参与实践。每个国家的具体国情不同，民主的实现形式也多种多样。但无论民主实现形式如何不同，只有在现实实践中真正实现人民当家作主，才算是真正实现了民主。在全球治理、国际关系中，少数西方发达资本主义国家对发展中国家霸权霸凌，不民主、不公平现象普遍存在。在全球范围推动民主的普遍实现，仍然任重道远。

一、坚持以人民为中心的民主

人民是民主的主体，"民主不是装饰品，不是用来做摆设的，而是要用来解决人民要解决的问题的"①。人民是社会历史的主体，是历史的创造者，民主就是真正实现人民当家作主。习近平总书记指出："一个国家民主不民主，关键在于是不是真正做到了人民当家作主，要看人民有没有投票权，更要看人民有没有广泛参与权；要看人民在选举过程中得到了什么口头许诺，更要看选举后这些承诺实现了多少；要看制度和法律规定了什么样的政治程序和政治规则，更要看这些制度和法律是不是真正得到了执行；要看权力运行规则和程序是否民主，更要看权力是否真正受到人民监督和制约。"②

以人民为主体，民主的实现不仅包括人民的意愿得到有效表达，更重要的是人民的意愿得到有效实现。人民意愿的表达主要通过选举、协商等来实现。选举民主就是公民根据自己的意志，按照一定的法律程序选举出代表或公职人员来执行公务。通过投票选举，确保人民普遍同意，确保公共权力掌握在人民手中。协商民主是中国特色社会主义民主政治中独特的、独有的、独到的民主形式，中国协商民主在民主的实现中发挥重要作用，党的十八大报告

① 《十八大以来重要文献选编》（中），中央文献出版社 2016 年版，第 76 页。
② 习近平：《论坚持人民当家作主》，中央文献出版社 2021 年版，第 335—336 页。

指出："就经济社会发展重大问题和涉及群众切身利益的实际问题广泛协商，广纳群言、广集民智，增进共识、增强合力。"[①]"有事好商量，众人的事情由众人商量，是人民民主的真谛。"[②]协商民主的形式包括公开、平等、自愿地参加会议、恳谈、议事会、听证会以及借助网络广泛参与等多种形式，确保人民意愿的充分表达，人民权利的完整实现。

民主表达自己的意愿，这仅是民主实现的条件，而真正的民主实现体现在人民在实践中切实有效地实现意愿。习近平总书记指出："如果人民只有在投票时被唤醒、投票后就进入休眠期，只有竞选时聆听天花乱坠的口号、竞选后就毫无发言权，只有拉票时受宠、选举后就被冷落，这样的民主不是真正的民主。"[③]中国提出全过程民主，包括民主决策、民主管理、民主监督等过程。决策民主，即确保人民群众在决策中的知情权、参与权、建议权，确保人民群众的意愿和利益在决策中充分体现，并在执行中得到实现。管理民主，即人民群众参与公共管理的民主，人民群众参与管理工作的各个环节，更好地实现组织目标。监督民主，即对权利执行者的行为督查、监管，保证行政是按照人民群众的意志行事的民主实现方式，包括对选举的监督、对权力运行结果的监督，看它是否达到

---

① 《中国共产党第十八次全国代表大会文件汇编》，人民出版社 2012 年版，第 24 页。
② 习近平：《论坚持人民当家作主》，中央文献出版社 2021 年版，第 177 页。
③ 习近平：《论坚持人民当家作主》，中央文献出版社 2021 年版，第 336 页。

了预期目标，是否满足了人民群众的意愿和需要。

二、尊重各国民主实现道路的多样性

民主在实现过程中，受到生产力发展水平、科学技术进步程度及社会制度等条件制约，同时，一个国家的历史传统、文化传承及人口等具体国情也决定各个国家的民主实现形式是不同的，具有多样性。但是，无论民主形式怎样多样，只有真正做到人民当家作主，才是实现了民主。习近平总书记指出："一个国家是不是民主，应该由这个国家人民来评判，而不应该由外部少数人指手画脚来评判。"[①] 一个国家是否实现了民主、人民是否享受到了民主，只有这个国家的人民自己知道，也只有这个国家的人民有资格评判。

民主的实现具有历史性、相对性，世界上没有哪一套民主制度是完美无缺、永恒存在的，更没有高人一等的民主。每个国家都应该有一套适合自己的民主制度，不能亦步亦趋，盲目学习别国的民主制度及民主的实现方式。同样，少数发达资本主义国家也不应该把自己的民主制度强加于人。

资本主义国家的民主本质上就是资本家的民主，是金钱民主。

---

① 习近平：《在中央人大工作会议上的讲话》，《求是》2022 年 3 月 1 日。

少数西方发达国家为服务于本国资本家阶级利益，将民主作为工具，向广大发展中国家输出自己的民主理念和民主制度。一方面，它让非西方国家误认为现代文明是在美国等西方国家宣扬的"普世价值"的引导下实现的，所以按照美国的民主模式发展本国的民主，按照美国的人权思想建设本国的人权事业，结果这些适合美国资产阶级需要的民主、人权等理念和制度，不适应其他国家特别是广大发展中国家的国情，导致这些国家长期陷入混乱和无序状态，人民受苦受难，而财富却被美国等西方国家攫取。另一方面，以美国为首的少数西方国家在全世界搞霸权霸道霸凌，不符合其民主要求的，就被视为独裁、专制，受到攻击。美国标榜美式民主是全球民主样板，强行"民主输出"，结果造成被输出国家长期动乱，民生艰难。习近平总书记指出："民主不是哪个国家的专利，而是各国人民的权利。近期国际形势的发展再次证明，外部军事干涉和所谓的民主改造贻害无穷。"① "天下同归而殊途，一致而百虑"，不存在唯我独尊、高人一等的民主制度，更不存在适用于一切国家的民主模式。中国积极探索实现人民民主的发展道路，同时尊重别国的民主制度。

---

① 《习近平外交演讲集》第二卷，中央文献出版社 2022 年版，第 382 页。

三、以新的理念和方案推动全球民主化进程

民主不仅是国内治理的方式，也是全球治理的原则。推动国际关系民主化，践行多边主义原则，坚持国际上的事由各国共同商量着办，是人心所向、大势所趋。而要实现这一点，主要是要根本转变旧的民主实现的理念，以新的理念、新的方案推动全球治理民主化进程。

从国家治理的历史与实践看，民主的实现需要有一整套具体理念和制度来规范，才能最终落到实处。西方资本主义国家的民主实现理论和实践是狭隘的，民主的要求与私有制相背，不可能真正实现人民民主；民主被等同于选举的民主，强调选举程序和结果，而有意忽视决策民主、管理民主和监督民主等民主实现的其他具体实践环节，造成民主的实现表面化和空心化。资本主义的民主选举实际上就是金钱选举，竞选者高昂的竞选费主要由大财阀、大财团等提供，而这些利益集团的高额捐助也绝不是为了满足他人的需要，是要有高额回报的。由此导致资产阶级政府难以站在普通民众的立场，真正实现人民的民主。

社会主义民主为民主实现提出了全新的理念和方案。社会主义中国真正立足于人民立场、以人民为中心，基于社会主义公有制和基本国情，实现全过程人民民主。2019 年 11 月，习近平总书记在上海考察时提出"人民民主是一种全过程的民主"的重要论述，

"全过程人民民主是社会主义民主政治的本质属性，是最广泛、最真实、最管用的民主"①，进一步丰富完善了社会主义民主实现的理论和实践。全过程人民民主是全链条、全方位、全覆盖的民主，把人民当家作主具体地、现实地体现在治国理政的政策、措施上，体现在各个层级工作上，是涵盖经济、政治、文化、社会、生态文明等各个方面的全覆盖的民主。全过程人民民主不仅有完整的制度程序，而且有完整的参与实践，最终落到实效上，保证人民群众享受到民主，保证人民当家作主。

全过程人民民主开辟了人民民主实践的新高度，拓展了人类政治文明新境界，并为当今世界面临的民主赤字、治理赤字等贡献了中国智慧、中国方案。在全球治理中要维护和遵守民主原则，首先重要的是要以主权国家及其人民为主体，彼此尊重主权和领土完整，彼此平等对待，保证广大发展中国家、弱小国家不受到排挤和压制，都能参与到全球治理民主实践中，最大限度地消除不公平、非正义。

四、借助数字技术体系推动民主深度实现

全过程人民民主要求民主的实现体现在民主选举、民主协商、民主决策、民主管理、民主监督等全过程中，使人民全方位、全领

①《习近平著作选读》第一卷，人民出版社2023年版，第30页。

域参与民主实践，这就需要人民群众有充分的知情权、表达权、参与权和监督权。数字技术体系为丰富民主形式、拓宽民主渠道提供了技术手段。

借助智能网络，人们之间的信息交流和共享即时即地，方便快捷低成本，并且区块链架构的智能网络上数据不可篡改、全程可追溯、信息公开透明、保护隐私，为民主的真正全面实现提供了物质技术支持。习近平总书记强调："要走好网上群众路线，提高通过互联网组织群众、宣传群众、引导群众、服务群众的本领，让互联网成为我们同群众交流沟通的新平台，成为了解群众、贴近群众、为群众排忧解难的新途径，成为发扬人民民主、接受人民监督的新渠道。"①

互联网技术体系超越时空限制，促进民众广泛参与民主建设和民主实践。首先，智能网络反映民情民意更全面更深刻。基于大数据、物联网、区块链、人工智能等技术，互联网无所不在，无时不在，人民群众的意愿和需要可以全方位全覆盖得到反映。其次，大数据、智能网络为实现民主决策提供平台和可能性。基于云计算、分布式技术，代表不同利益和需要的人民群众的意见和建议形成大数据，通过即时计算、分析，形成共识性建议和意见。同时，人工智能基于机器学习，通过大数据、大模型、大算力建构解决问题

---

① 《习近平关于网络强国论述摘编》，中央文献出版社 2021 年版，第 12 页。

的算法，预测未来趋势，获得解决问题的种种方案、设计，可以为民主决策提供科学依据。最后，智能网络为实现真正的民主管理和民主监督提供平台。基于区块链底层技术实现的信息共享、及时互动，权力运行过程的任何一个环节出现问题，都更容易被发现并及时处理。习近平总书记强调："要把权力关进制度的笼子里，一个重要手段就是发挥舆论监督包括互联网监督作用……对网上那些出于善意的批评，对互联网监督，不论是对党和政府工作提的还是对领导干部个人提的，不论是和风细雨的还是忠言逆耳的，我们不仅要欢迎，而且要认真研究和吸取。"①

总之，大数据、互联网、区块链、人工智能等构建的数字技术体系的持续发展不断为民主的全过程、全领域实现提供技术支持，从而不断为全球治理民主化进程的深度推动奠定物质基础。

第五节　促进自由全面发展

自由的实现受制于自然界、人类社会和人自身。自然界对自由实现的限制在于自然界直接存在的现成品不能满足人们的需要，人类需要通过劳动创造人工产品满足需要，从而超越自然界对人的限制，获得基本的自由。人类社会对自由实现的限制在于不合理的、

①　习近平：《论党的宣传思想工作》，中央文献出版社 2020 年版，第 196—197 页。

旧的或没有及时制定的社会制度对人的自由实现的制约，需要通过同旧制度进行斗争或及时改革完善制度体系，才能获得人的解放。人自身对自由实现的限制在于人具有个体物欲性、直接功利性，需要通过提高人的文化素养、精神境界，不断摆脱人的思想文化的狭隘性、构建理想世界来实现全面自由。当今时代，人类全面自由的实现要依靠新科技革命推动生产力快速发展、创造更多的物质财富，使人们普遍享受基本自由，要实现这一点，同时需要社会关系改革、社会制度调整，需要普遍提高人们的思想文化境界，丰富精神世界。

一、不断提高生产力水平，为自由的实现奠定物质基础

生产力是人类认识自然、改造自然，创造人工产品、满足需要的物质力量，科学技术是第一生产力。生产力发展、科学技术进步是人类在一定范围内摆脱自然界的限制，获得基本自由的根本力量，也是人类文明进步、实现全面解放的根本力量。

随着数字技术体系越来越广泛而深入地应用到人类生产、生活各个领域，渗透到生产与消费的各个行业、各个部门、各个环节、各个要素及各个过程中，加持到土地、劳动力、资本、技术及机器设备、新能源、新材料等生产要素之上，数字技术与传统产业日益相互融合、相互渗透，不断催生各种各样新业态、新组织、新模

式、新服务、新产品等，社会生产方式和生活方式正在发生深刻变革，人类社会超越传统的手工工具推动的农业经济和大机器体系推动的工业经济，进入数字智能工具推动的数字经济时代。

在数字经济推动下，人类创造的财富前所未有，特别进入 21世纪以来，随着新质生产力迅猛发展，全球贫困人口的数量大幅度减少，人类在摆脱自然界限制、实现基本自由方面获得长足进步。

当然，全球数字经济发展存在很多问题，比如存在数据垄断、信息孤岛，各国之间数据标准与数据市场不统一，在规范化方面存在很大差别。再如，发达国家与发展中国家之间存在巨大的数字鸿沟，发达国家占据国际数字经济的主导地位，利用自身的技术优势垄断关键技术和产品，甚至引入政治力量参与竞争。因此，人类在推动生产力发展、从自然界对人的限制中解放出来的任务仍然任重道远。

二、完善制度体系，为自由的实现提供社会条件

人类改造自然的活动不是单个人的偶然的活动，而是在人们的社会联系和关系中实现的。以生产关系为核心的社会联系和关系是人类进行生产生活的根本条件。人们为了在生产劳动中协调关系、更好地分工合作，维护稳定和谐的社会关系和生产生活秩序，形成了一系列调节人们之间关系的行为规则和标准，这就是社会规范体

系，包括社会制度、法律及道德规范等。合理的规范是人们实现社会自由的基本条件。社会制度都是依据时代发展和现实实践的需要而建立起来的，要随着时代发展、实践需要的变化及时进行调整，如果旧的、不合理的社会制度没有及时改革，或者新的制度没有及时创建，就会阻碍自由的实现。

在资本主义条件下，资产阶级在经济上、政治上、思想文化上占统治地位，利用权力剥削被统治者，直接占有他们的劳动，使劳动者不能自由地享用自己的劳动成果。这是社会最大的不公正，也是对自由实现的重大限制。社会主义在与资本主义斗争的过程中，不断创新公有制实现形式，为人类解放创造社会条件。同时，社会主义适应新质生产力发展要求，充分利用数字技术体系不断变革旧的体制机制、创建新的制度，使人们不断摆脱旧制度规范的束缚，以实现自由全面发展。

三、提高效率，使人民享受更多的自由时间

工作日的缩短，自由时间的增加，是人的自由全面发展的必然条件。马克思强调："自由王国只有建立在必然王国的基础上，才能繁荣起来。工作日的缩短是根本条件。"[1] 工作日即劳动时间是

---

[1]《马克思恩格斯文集》第7卷，人民出版社2009年版，第929页。

人类为维持和再生产自身的生命所必需的进行物质资料生产活动的时间；自由时间则是除此之外人们可支配的时间，即非物质生产活动的时间。自由时间是随着生产力的发展、科学技术的不断进步、人类创造财富的能力的提高而日益增多的。

生产和生活效率的极大提高，为人类创造了日益增多的自由时间。基于大数据、区块链、云计算等数字技术，智能网络能够超越时空传递安全、准确的数据信息，从而把人们的生产、生活连接成一个大网，很多原来只能在固定的时间和地点才能办的事情，现在可以在网上办理，既节约时间和空间，又能保证全程公开、安全、高效且低成本，把人从繁重的工作和束缚中解放出来，获得越来越多的自由。同时，数字技术体系推动大数据资源由全社会共同占有和使用，削减商业中介性，增加其服务性，消除社会生产不必要的中间环节，促进生产与消费相融合，促进各行业、各企业、各地区的生产相融合，使人类生产社会化向纵深推进，进一步提高生产效率。劳动效率提高即为人类节省前所未有的时间，即从一般意义上为人类创造前所未有的自由。

社会主义国家强调发展成果由人民共享，基于新技术革命实现的效率提高所创造的自由时间，最大限度地惠及广大人民。但是，在资本主义条件下，新技术革命创造的自由时间，往往并没有使人们感觉到轻松，却普遍感觉生活节奏加快，出现了"时间饥荒"。马克思曾指出："资本的不变趋势一方面是创造可以自由支配的时间，另一方面是把这些可以自由支配的时间变为剩余劳动。"①
资本强迫人们把自由时间用于剩余价值的生产，如加班、延长工时
等。因此，适应大数据生产资料共建共享共治的发展要求，摆脱私
有制和资本逻辑对自由实现的限制，需要全世界各国人民持续不懈
地努力。

四、促进人的全面发展，丰富人的精神文化世界

恩格斯在《反杜林论》中指出："最初的、从动物界分离出来
的人，在一切本质方面是和动物本身一样不自由的；但是文化上的
每一个进步，都是迈向自由的一步。"②人的理性能力和理性成果
是文化的核心内容，是人的精神世界的核心内容，是人的主体力量
的集中表现。人的精神文化世界越丰富，人的创造力就越强，人的
自由实现的范围就越大。

人的创造力来源于精神世界的丰富性，而精神世界的丰富性来
源于人化自然世界，而人化自然通过人对创造物的占有和享受而
获得。马克思指出："在生产中，人客体化，在消费中，物主体
化。"③消费即占有和享受产品满足需要，这里"物主体化"中的

①《马克思恩格斯全集》第 46 卷（下），人民出版社 1980 年版，第 221 页。
②《马克思恩格斯全集》第 20 卷，人民出版社 1971 年版，第 126 页。
③《马克思恩格斯文集》第 8 卷，人民出版社 2009 年版，第 13 页。

"物"是人工创造物，也就是马克思所说的人化自然界，不是纯粹自然物。人工创造物是人的本质力量对象化的成果，其中内含着主体的目的愿望、理论知识和规则、情感意志、理想信念、审美情趣等，这些是人类自诞生时就不断创造、积累而形成的理性能力和理性成果。人只有占有、享受人工自然物，才能体验感受到这些力量，从而把人类主体整体力量纳入自己的精神世界，丰富自己的精神文化世界。

一个人只有享受更多的劳动产品，他的思想才不会仅仅局限于物质功利，才不会贫乏枯燥，才能有一个越来越丰富的精神文化世界。

人对人工创造物的占有和享受是全面的占有享受，是在个体物欲满足的基础上对超功利的价值的追求，是人的精神生活的丰富。人的全面发展表现为物质文明和精神文明协调发展。只有通过全面的占有和享受，促进人的全面发展，人才能在满足精神需要的基础上创造日益丰富的精神文化世界，人的创造力才能日益增强，人实现自由的力量才能越大。

马克思曾指出，在资本主义社会，"劳动创造了宫殿，但是给工人创造了贫民窟。劳动创造了美，但是使工人变成畸形。劳动用机器代替了手工劳动，但是使一部分工人回到野蛮的劳动，并使另一部分工人变成机器。劳动生产了智慧，但是给工人生产了愚钝和痴呆"。这表明，在资本主义社会，工人创造了巨大的财富，但是工人却不能占有和享受到自己的劳动成果，生产的发展、财富的增加给工人带来的是精神生活的贫乏，由此造成工人的精神枷锁，不能自由发展。在资本主义条件下，广大劳动人民创造了巨大的物质财富，但是却没有充分占有和享受这些财富。社会主义中国强调以人民为中心，强调让改革发展成果更多更公平惠及全体人民，使人民的获得感、幸福感、安全感更加充实、更有保障、更可持续。充分、全面满足人民群众物质和文化需要，丰富人民群众的精神文化世界，人民才有力量实现更大的自由。

第五章
坚守和弘扬全人类共同价值的重大意义

当前，人类面临着前所未有的挑战，和平赤字、发展赤字、安全赤字、治理赤字加重，世界又一次站在历史的十字路口。"世界多极化、经济全球化在曲折中前行，地缘政治热点此起彼伏，恐怖主义、武装冲突的阴霾挥之不去。单边主义、保护主义愈演愈烈，多边主义和多边贸易体制受到严重冲击。要合作还是要对立，要开放还是要封闭，要互利共赢还是要以邻为壑，国际社会再次来到何去何从的十字路口。"① 人类应该如何应对？党的二十大报告指出："构建人类命运共同体是世界各国人民前途所在。万物并育而不相害，道并行而不相悖。只有各国行天下之大道，和睦相处、合作共赢，繁荣才能持久，安全才有保障。"② 构建人类命运共同体，需要世界各个国家和人民取得价值共识，才能团结一致，共同努力。而要取得价值共识，就必须有把世界各个国家和人民的利益和需要统一起来的客观基础，这是"天下之大道"，是和平、发展、公平、正义、民主、自由的全人类共同价值。全人类共同价值的客观普遍性内容是世界各个国家和人民取得价值共识的客观原则和基础，是人们制度设计、策略选择的标尺和准则，也是人类追求和谐美好生活的目标和理想。

---

① 《习近平谈治国理政》第三卷，外文出版社 2020 年版，第 445 页。
② 《习近平著作选读》第一卷，人民出版社 2023 年版，第 51 页。

第一节　有利于凝聚价值共识

当今时代，人类面临着前所未有的全球性挑战、困境和危机，需要世界各个国家和人民凝聚价值共识，共同应对。

一、什么是价值共识

价值共识是价值观范畴，指不同的具体主体之间，包括不同个体、不同集体、不同民族、不同国家等之间，由于共同的利益和需要，对同一个价值（主要是社会关系层面的价值）达成基本或根本一致的观点和态度。作为不同主体的共同价值观，价值共识属于思想观念范畴。

价值共识的内容是由主体的利益和需要决定的，有什么样的价值主体、有什么样的共同利益和需要，就有什么样的价值共识。要认识价值共识的性质，就必须从能将各个具体的价值主体统一起来的共同利益和需要的性质上分析。只有明确了价值主体的立场，明确了其利益诉求的本质，才能深刻理解价值观共识正确与否、先进与否。

共同价值的本质特性是客观普遍性、公理性，其内容虽然与人的需要内在相连，但是价值的本质内容并不是由主体需要所决定的，而是由随着实践发展而发展变化的主客体关系决定的。不能单纯从人类的共同需要或普遍需要的角度来探讨价值的本质内涵和根本特性，因为单纯的人的需要没有超出主体存在的范围，没有超出实体范围，属于感性存在，这同费尔巴哈所主张的理性、爱、意志力就是"人的绝对本质"[①]并没有本质区别。共同价值是关系性范畴，价值的普遍性来自人类总体实践活动的普遍性，是人类总体实践的结晶。

二、凝聚价值共识的重要意义

一般来讲，人的行为总是受到他所接受的、内化了的观念、意识的影响和支配，任何实践活动都必然地体现着人作为主体的愿望和理想。价值体系对实践活动的影响是内在的、无形的，因而在人的有目的的行动中所起的作用是不可估量的，同一件事由抱有不同的世界观、人生观、价值观的人做实际上是不同的。以什么样的价值观体系来引导人们的生产和生活，关涉一个国家、民族及社会发展的方向和前途。

一个主体秉持什么样的价值观，就会有什么样的行动，一个主体秉持的价值观必须是逻辑自洽的、内在统一的，将自身的价值观统一协调起来，做到逻辑自洽，才能更好行动。价值主体包括个

---

① [德] 费尔巴哈：《基督教的本质》，荣震华译，商务印书馆 2022 年版，第 35 页。

体主体、集体（民族、国家等）主体及社会主体，价值观也相应包括个人的价值观，集体的价值观、民族的价值观、国家的价值观，以及社会的价值观等。一个主体协调统一价值观，无论是对于一个人，还是对于一个集体（国家、民族）和一个社会来说，都是至关重要的问题。当国家作为一个价值主体，需要构成国家的每个民族、每个团体、每个人的价值观协调一致，形成共同的价值追求，这样才能凝聚力量，齐心协力，把国家建设好。因此，凝聚共同价值观，形成最大共识，对于人类社会、对于世界各国人民的团结一致、共同发展来说至关重要。

当今世界，人类面临着前所未有的困境和危机，要解决全球性问题、化解危机，需要各个国家和人民努力形成价值共识，凝练共同的价值观，找到最大公约数、画出最大同心圆，教育、引导人民树立共同价值观，为全体社会成员提供一个共同生存发展的价值目标。习近平总书记指出："人心是最大的政治，共识是奋进的动力。"① 通过各个国家和人民整合利益、协调需求等，在全球社会成员中形成广泛价值共识，使各个国家和人民拥有比较一致的评价标准、价值取向和共同理想，形成高度认同感，增加全社会成员对共同事业的信心和决心，增强社会成员的归属感和向心力，把世界上各个国家、各个民族凝聚成为一个团结奋斗的利益共同体和命运

---

① 《习近平谈治国理政》第三卷，外文出版社 2020 年版，第 326 页。

共同体，这样才能齐心合力，团结一致，维护世界的和平稳定，谋求共同的生存发展。

三、全人类共同价值是形成价值共识的客观基础

各个国家如何才能形成价值共识从而共同解决全球性问题和危机？形成价值共识首先要促进世界各个国家和人民彼此之间的深入沟通和交流，彼此了解各自的需要、利益和价值关切，通过协商，不断寻求最大公约数，画出最大同心圆。习近平总书记指出："我们坚持有事多商量，遇事多商量，做事多商量，商量得越多越深入越好，就是要通过商量出办法、出共识、出感情、出团结。"[①] 发挥民主协商在凝聚共识中的优势，必须努力拓宽协商渠道，深入开展多层面的广泛协商并建立健全多种协商方式等。

各自利益和需要不同的价值主体要通过协商取得价值共识，首先大家对形成共识的内容要有一致的认可，即形成共识的内容——满足人们需要的价值规范或原则等必须具有客观普遍性和公理性，是不以具体时代和个人的意志为转移的客观存在，而不能是某个人或某些人、某个国家或某些国家的价值认识、态度或观点。

和平、发展、公平、正义、民主、自由是当今时代世界各个国

---

① 《习近平关于社会主义政治建设论述摘编》，中央文献出版社 2017 年版，第 73 页。

家和人民都迫切需要的共同价值，这些价值原则如何实现，如何满足人们的实际需要、解决当前人类面临的问题，是全球发展面临的重大问题。世界各国形成价值共识之所以难，其中一个根本原因，就是有些国家总是从自身利益出发，用自己的价值观去衡量别人，要求别人服从于自己的价值观。尤其是以美国为首的少数西方国家把西方资本主义市场经济模式、西方的政治制度、民主模式等奉为世界上最优越的制度和原则，将西方国家的价值观说成普遍性价值到处推销，对不服从自己意志和价值观的国家，就用高压的手段迫使别人服从。在当前时代背景下，强调全人类共同价值，强调和平、发展、公平、正义、民主、自由的客观性、普遍性、公理性，是凝聚全球价值观共识的内在要求。

第二节　有利于推动新全球化深入发展

全球一体化是人类社会发展的必然趋势，是由科学技术进步所推动的生产力革命的客观要求。坚守和弘扬全人类共同价值，有利于促进新全球化发展，提高效率，从而推动新质生产力发展、推动人类文明实现新的跃迁。

一、人类劳动分工协作、社会化发展与全球化的客观必然性

人类的劳动从个体化走向社会化，是生产力发展的客观要求，是人类生产发展的必然趋势。马克思在《资本论》中指出："劳动本身由于协作、分工以及劳动和自然科学的结合而组织成为社会的劳动。"[①] 这表明，社会化劳动是随着科学技术应用于生产，越来越细的分工与越来越密切的协作相统一的过程和趋势。

分工直接促进生产力发展。一个人的时间和精力是有限的，分工成为必然趋势，分工直接促进生产力发展。马克思指出："增加劳动的生产力的首要办法是更细地分工，更全面地应用和经常地改进机器。"[②] "分工给劳动以无限的生产能力。"[③] 有分工必然有协作。马克思指出："许多人在同一生产过程中，或在不同的但互相联系的生产过程中，有计划地一起协同劳动，这种劳动形式叫做协作。"[④] 单纯的分工本身并不能提高劳动效率，分工只有与协作相结合，通过将各种不同的具体劳动协同起来，连接起来，才能提高劳动效率。分工越细，协作要求越密切。

劳动的社会化程度是随着科学技术进步而不断推进的，这是生产力发展的客观趋势和内在要求。19 世纪，大机器体系的普遍使

---

① 《马克思恩格斯文集》第 7 卷，人民出版社 2009 年版，第 296 页。
② 《马克思恩格斯文集》第 1 卷，人民出版社 2009 年版，第 735—736 页。
③ 《马克思恩格斯文集》第 1 卷，人民出版社 2009 年版，第 239—240 页。
④ 《马克思恩格斯文集》第 5 卷，人民出版社 2009 年版，第 378 页。

用，直接推动了资本主义社会化大生产的发展："一方面工场手工业在生产过程中引进了分工，或者进一步发展了分工，另一方面它又把过去分开的手工业结合在一起。"① 大机器体系和工厂将个体劳动结合在一起，推动了资本主义生产的集中化、规模化、标准化，促进了劳动的社会化发展，从而促进了资本主义工业革命的发生、发展，推动了资本主义世界市场体系的建立。资本主义"由于开拓了世界市场，使一切国家的生产和消费都成为世界性的了"②，这就是经济全球化的开始。经济全球化促使国际分工不断深化，推动生产越来越由多个国家协作完成。习近平总书记指出："历史地看，经济全球化是社会生产力发展的客观要求和科技进步的必然结果，不是哪些人、哪些国家人为造出来的。经济全球化为世界经济增长提供了强劲动力，促进了商品和资本流动、科技和文明进步、各国人民交往。"③21 世纪以来，人工智能、信息数字化、移动互联网、云计算、区块链等新技术日益融合、相辅相成而构成的数字技术体系，促进劳动社会化向纵深推进。数字技术体系支持下，智能网络使人们之间的分工协作超越时空和信任，推动生产社会化向纵深无限发展。

数字技术体系支持下的分布式生产的普遍发展，3D 打印等技

---

① 《马克思恩格斯文集》第 5 卷，人民出版社 2009 年版，第 392 页。
② 《马克思恩格斯文集》第 2 卷，人民出版社 2009 年版，第 35 页。
③ 习近平：《论坚持推动构建人类命运共同体》，中央文献出版社 2018 年版，第 401 页。

术的日益成熟，推动生产与消费日益融合，按照消费者需要进行个性化生产正在变成现实，生产一件产品与生产多件产品的成本相同，通过规模化、集中化生产以追求边际生产成本最低的模式正在逐步失去市场。人类生产的社会化，无论在程度上还是在规模上都远远超过传统时代，推动人类社会进入新全球化时代。

新全球化的特点突出地表现为，它超越了传统的由资本推动的人类被动联合的全球化，不断摆脱各个国家、各个利益主体由于彼此之间的矛盾对抗性而导致的貌合神离，呈现为更高层次的价值追求上的主动联合。正如习近平总书记所指出的："经济全球化是时代潮流。大江奔腾向海，总会遇到逆流，但任何逆流都阻挡不了大江东去。动力助其前行，阻力促其强大。尽管出现了很多逆流、险滩，但经济全球化方向从未改变、也不会改变。"[①]

二、凝聚价值共识促进经济全球化深度推进

经济全球化是全球化的基础和核心内容，它表现为人类的经济活动超越国界，商品生产、技术创新、服务贸易、资金、人员、管理等生产要素跨国跨地区流动。特别在大数据成为新型的起关键性作用的生产要素条件下，数据资源共建共享共治的客观要求促进经

①《习近平谈治国理政》第四卷，人民出版社2022年版，第485页。

济全球化向纵深发展，国际分工、协作进一步加强，各个国家、地区的生产及生产的各个过程、各个环节联系日益紧密，世界经济活动日益呈现出前所未有的整体化、一体化的趋势。

经济全球化使世界上各个国家和地区的经济活动联系和相互依赖日益紧密，但这并不意味着各个国家、地区的利益和价值追求自然而然就会协调一致，进而相互合作。一方面，以美国为首的少数西方国家作为全球化的最大受益者，为攫取巨额利润，为解决由于制造业向发展中国家转移导致的实体经济空心化、就业岗位减少等一系列问题，实行贸易保护政策及"脱欧""退群"等逆全球化举措；另一方面，国际分工协作建立在世界各国彼此了解、信任的基础上，建立在各国共同利益和需要协调的基础上，建立在人们共同的价值原理和信念的基础上。

坚守和弘扬全人类共同价值，使各个国家和利益主体形成基本的价值共识。首先，以和平原则为基础、以全球共同发展为目标，形成共同的和平观、发展观，为全球化营造发展的和谐生态和社会环境，这是经济全球化深入发展的前提和基础。其次，以公平、正义、民主原则为基础，形成彼此认同的公平观、正义观、民主观，减少全球化进程中不同主体的矛盾冲突，减少无效的内耗，提高协同效率，提高价值共识形成效率。在此基础上，寻找彼此利益最大化的路径，实现"求同存异""和而不同""合作共赢"的目标，推动经济全球化向纵深发展，实现全世界共同进步。世界经济是一艘大船，每个国家都是推动大船向前航行的一份力量，只有同舟共济，协同发展，才能实现每个国家的利益最大化。

三、凝聚价值共识促进文化全球化健康发展

文化全球化是伴随着经济全球化而产生的，同时又以软实力的形式，推动全球化向纵深发展，推动人类社会日益连接为一个有机的整体。文化全球化，是一个内涵深广的概念，它是世界上各个国家的制度、思想、生活样式、思维观念等的大碰撞、大交融的状态、过程和趋势。

在自然经济时代，世界上各个国家是孤立地、封闭地存在的，人们受狭隘的地域性限制，思想不可避免地具有片面性和狭隘性。19 世纪中期，随着资本主义世界市场体系在全球建立，各个国家的思想碰撞、文化交流促进了文化全球化形成和发展。在当今数字化智能网络技术时代，伴随着经济全球化向纵深推进，人们之间的文化互动和彼此交流即时即地，超越时空和信任限制，更深刻、更全面，推动人类进入前所未有的思想文化的大碰撞、大交融时代。文化作为人的一种精神现象和活动，不同于物质；文化交往也不同于物质交换。"物质产品会由于共享而带来个体所分享价值的分割性减少，精神产品的共享则不仅不会减少其价值，反而会带来个体所

分享价值的增加。"①思想、文化只有通过人们的交往、交流才能增值，才能创造更大价值。文化进步、文明提升是以文化交往、思想交互为前提和条件的。

文化全球化运动打开了人们的视野，多元文化相互交流、渗透，相互认同、相互吸纳，一方面，融合而成以人类整体为主体的全球文化；另一方面，推动了各国家、各个民族有主体性的、有根的传统思想文化的大发展和大繁荣。文化全球化使世界文化更加繁荣、丰富，世界文化作为软实力，对经济引领力更加强大，对现实世界建构力更显优势，对化解人类面临的共同性问题和全球性危机的能力发挥不可替代的重要作用。

党的二十大报告强调："我们真诚呼吁，世界各国弘扬和平、发展、公平、正义、民主、自由的全人类共同价值，促进各国人民相知相亲，尊重世界文明多样性，以文明交流超越文明隔阂、文明互鉴超越文明冲突、文明共存超越文明优越，共同应对各种全球性挑战。"②文化全球化推动形成一种具有世界历史眼光和全球视野的世界文化，对化解当前全球共同性困境和危机，具有重大意义。

但是也应该看到，要增进人们之间的了解和认同，需要人们之间具有基本的价值共识，这些基本的价值共识是在对和平、发展、

---

① 肖前主编：《马克思主义基本原理》，人民大学出版社1993年版，第368页。
② 习近平：《高举中国特色社会主义伟大旗帜　为全面建设社会主义现代化国家而团结奋斗——在中国共产党第二十次全国代表大会上的报告》，人民出版社2022年版，第63页。

公平、正义、民主、自由等共同价值原则的共同确认的基础上形成的。以美国为首的少数西方国家以其经济、科技优势，强力推行文化霸权策略，把资产阶级的平等观、自由观、民主观、人权观等意识形态通过经济合作、贸易往来、文化交流等渠道，利用影视、报刊、网络等工具，全方位、无间断地进行渗透和影响，试图使全球文化"美国化"。在这种背景下，大力宣传、弘扬全人类共同价值，明确和平、发展、公平、正义、民主、自由等共同价值原则的客观普遍性、公理性，才能以客观真理的力量对抗文化霸权，从而推动文化全球化健康发展，进而推动人类全球化全面发展，推动世界历史进入更高发展阶段。

第三节　有利于共同应对新的全球性问题和危机

习近平总书记在纪念中国人民志愿军抗美援朝出国作战 70 周年大会上指出："世界是各国人民的世界，世界面临的困难和挑战需要各国人民同舟共济、携手应对，和平发展、合作共赢才是人间正道。"[1] 全球性、世界性问题的解决要在依靠世界各个国家和人民以共同价值为基础达成价值共识、形成共同的价值观的基础上，共同面对，共同协商解决办法。

----

[1]《习近平著作选读》第二卷，人民出版社 2023 年版，第 361 页。

一、以共同价值为基础有利于增进各国沟通理解和信任

让世界上 200 多个国家和地区协同合作，携手解决全球性问题，首先人们之间要彼此信任。只有双方彼此信任，交往、协作、交易才能实现。而人们之间的信任，一方面是通过建立信任机制实现的，另一方面是通过彼此多交流、多沟通实现的。只有在现实的交往、沟通中，通过语言、情感的交互，人们才能深切了解彼此的利益关切和目的、愿望，感同身受，推己及人，拉近彼此的心理距离。

2014 年 3 月，习近平主席在联合国教科文组织总部的演讲中指出："我们应该从不同文明中寻求智慧、汲取营养，为人们提供精神支撑和心灵慰藉，携手解决人类共同面临的各种挑战。"① 世界各国只有在和平、发展、公平、正义、民主、自由原则基础上，才可能真正建立合作共赢的新型国际关系，形成有效的制度，进而形成大家都认可的行动方案。

二、以共同价值为基础有利于推动构建全球治理体系新秩序

全球性问题的现实解决，要依靠全球性的制度、政策、体制等规则体系来实现，这内在要求建立一个体现公平、正义、民主原则

① 《习近平著作选读》第一卷，人民出版社 2023 年版，第 232 页。

的全球治理新规则体系。当前，西方国家主导的旧世界秩序，崇尚"强权即公理，公理即强权"的强盗逻辑和丛林法则，强调实力即经济实力与军事实力，将"小圈子"制定的所谓的规则强加于人，使广大发展中国家的利益受到损害，使贫者越穷，富者越富。这种不公平、非正义的世界秩序法则造成全球动荡、地区战争频发等全球性问题日益深重。这种旧秩序旧法则不得人心，没有前途。人类的现实实践是由理想的精神文化世界引导的活动，和平、发展、公平、正义、民主、自由等价值原则既是价值共识形成的客观基础、是衡量各个国家行为的规则和标尺，也是人类社会理想的核心内容，它内在于人类发展的实践中，对人类社会的引领力是内在、不可战胜的。相比之下，一国或少数国家霸权的力量是渺小的、暂时的。

构建体现全人类共同价值原则的全球治理体系是解决当前全球性问题、实现人类理想和目标的现实手段和途径。这些规则体系包括协调国际关系、促进世界各国和人民沟通、联系的规范、制度、机制、政策、标准及协议、程序等。在公平、正义、民主原则基础上，这些规则的制定就不是由一个国家或者几个国家决定的，正如习近平总书记所指出的："国际规则只能由联合国一百九十三个会员国共同制定，不能由个别国家和国家集团来决定。"[1] 因此，

---

① 《习近平著作选读》第二卷，人民出版社 2023 年版，第 545 页。

必须坚持共商共建原则，坚持开放共享原则，在全球各国积极参与的条件下，通过不断协调寻找最大公约数、画出最大同心圆，使全球治理体系的主张真正成为各方共识，在实现各国共同利益的基础上，最大限度地实现世界各个国家自身的长远发展。解决全球性问题的全球治理新规则要由联合国 193 个会员国共同制定，同时也必须由 193 个会员国共同遵守，没有也不应该有例外。

第四节　有利于推动构建人类命运共同体

当今世界正处于百年未有之大变局，"我们所处的是一个充满挑战的时代，也是一个充满希望的时代。人类社会应该向何处去？我们应该为子孙后代创造一个什么样的未来？对这一重大命题，我们要从人类共同利益出发，以负责任态度作出明智选择"[1]。正是这种时代背景下，中国共产党提出构建人类命运共同体理念，这是为世界各国走出全球性困境和危机的总体构想，是为人类未来发展指明的正确方向。党的二十大报告强调，"构建人类命运共同体是世界各国人民前途所在"[2]。人类命运共同体理念自提出以来，得到国际社会的广泛认同和支持，正在从理念转化为行动、从愿景转变为现实。可以说，人类命运共同体是全人类共同价值的实践指

---

[1]《习近平外交演讲集》第二卷，中央文献出版社 2022 年版，第 338 页。
[2]《习近平著作选读》第一卷，人民出版社 2023 年版，第 51 页。

向，全人类共同价值既是构建人类命运共同体的规则和标尺，也是构建人类命运共同体的价值目标和正确方向。

一、共同体的形成、发展及其意义

人是社会性的存在，任何孤立的个人都是无法独自生存的。个人需要的满足、个体自由的实现只有在共同体中、借助共同体的力量才能变成现实。"共同体"就是人们在共同条件下结成的集体，是个体满足需要、获得利益、实现自由的社会形式。马克思指出："只有在共同体中，个人才能获得全面发展其才能的手段，也就是说，只有在共同体中才可能有个人自由。"[1] 对一个人来说，如果离开共同体而被孤立，是最难过的事情，"人的实质也就是人的真正的共同体。离开这种实质而不幸孤立，远比离开政治的共同体而孤立更加广泛、更加难忍、更加可怕、更加充满矛盾"[2]。这里的"政治的共同体"是指国家伦理共同体，是虚假的共同体。马克思认为，真正的共同体（而不是虚假的共同体）就是人的实质，它是基于人的普遍关系总和构建而成的。共同体内实践的普遍性程度、人们之间联系和交往的普遍性程度决定着个体利益和自由实现的广度和深度。

---

① 《马克思恩格斯文集》第 1 卷，人民出版社 2009 年版，第 571 页。
② 《马克思恩格斯全集》第 3 卷，人民出版社 1960 年版，第 74 页。

共同体是在人类社会实践活动中形成的，并随着生产力的发展、人类实践活动的扩大，共同体活动范围由小到大不断发展，活动内容日益丰富，人们之间的交往日益密切。最早的共同体是依靠血缘关系而建立起来，受生产力发展水平的限制，局限在"狭窄的范围"和"孤立的地点"上，各个共同体之间被时间和空间所隔离，具有狭隘的地域性，表现为封闭性和孤立性。在这种情况下，尚没有形成具有普遍意义的生产力总和，也就谈不上个人对生产力总和的占有问题，共同体内个人利益和自由的实现是极为有限的。

近代以来，随着科学技术的迅猛发展，大机器、电的普遍应用，资本主义大工业发展起来，分工向纵深延伸，推动资本主义市场体系在全球建立，从根本上促进了人们之间联系和交往的普遍性。资本主义世界市场体系的形成和发展，使毫不相干的个人之间建立了广泛的社会联系。由此，初步形成了全球范围的共同体。马克思指出，资本主义大工业"首次开创了世界历史，因为它使每个文明国家以及这些国家中的每一个人的需要的满足都依赖于整个世界，因为它消灭了以往自然形成的各国的孤立状态"①。但是在资本主义主导的共同体中，人们需要的满足、利益和自由的实现始终受到私有制限制，不平衡、不公正。

---

① 《马克思恩格斯全集》第 3 卷，人民出版社 1960 年版，第 68 页。

当今时代，发展新质生产力内在要求数据资源的全世界普遍交流、共享和共同使用，从而将世界经济全球化向纵深推进，促进越来越多国家参与的全球性产业链、价值链和供应链形成和发展，促进全球共创共享网络发展。习近平总书记指出："互联网真正让世界变成了地球村，让国际社会越来越成为你中有我、我中有你的命运共同体。"[①] 全球化使人类日益联结为一个共同体，人们命运与共，不可分离；并且，以数字技术体系为资源的全社会共建共享共治，为人的利益和自由的全面实现创造了技术条件和物质基础。但是，西方资本主义国家却试图像过去一样，主导新共同体秩序，控制新共同体规则，为一己私利逆全球化、打贸易战，以冷战思维应对全球性安全和危机，加剧不确定性。

习近平总书记指出："我们应该携手推动构建人类命运共同体，共同建设持久和平、普遍安全、共同繁荣、开放包容、清洁美丽的世界……推动构建人类命运共同体，不是以一种制度代替另一种制度，不是以一种文明代替另一文明，而是不同社会制度、不同意识形态、不同历史文化、不同发展水平的国家在国际事务中利益共生、权利共享、责任共担，形成共建美好世界的最大公约数。"[②] 如何找到最大公约数？只有以全人类共同价值为客观基础，在和平、发展、公平、正义、民主、自由等普遍性价值的基础上，

①《习近平关于网络强国论述摘编》，中央文献出版社 2021 年版，第 150 页。
②《习近平著作选读》第二卷，人民出版社 2023 年版，第 543 页。

才能找到最大公约数，形成最大限度的价值共识。

二、全人类共同价值推动形成共同体意识和共同体思维

构建人类命运共同体，需要人们在思想观念上确立共同体意识和共同体思维。习近平总书记指出："在经济全球化的今天，没有与世隔绝的孤岛。同为地球村居民，我们要树立人类命运共同体意识。"[①]"只要我们牢固树立人类命运共同体意识，携手努力、共同担当，同舟共济、共渡难关，就一定能够让世界更美好、让人民更幸福。"[②]有了共同体意识、共同体思维，才能自觉地建构和遵守共同的制度体系和规则体系。

坚守和弘扬全人类共同价值有利于促进世界各国人民确立共同体意识、共同体思维。共同体意识、共同体思维主要表现为"责任意识""全局观念"等。"责任意识"就是个体自觉认识到自身是织成普遍互联关系网的一个必不可少、独一无二的"纽结"，是这个关系网的一个内在环节，所以每个个体必须承担自己的那份责任、完成自己的使命，维护共同体的利益，为集体、为社会、为时代发展贡献自己的力量，促进共同体发展。所谓"全局观念"，即整体思维，即人们普遍认识到个体与个体、个体与共同体乃至世界

---

① 习近平：《论坚持推动构建人类命运共同体》，中央文献出版社2018年版，第371页。
②《习近平著作选读》第一卷，人民出版社2023年版，第559页。

各个国家之间是同气连枝的一个整体，一荣俱荣，一损俱损，任何一个国家都不能独自面对和单独解决全球共同性问题和危机，需要各个国家和人民立足于整体、着眼全局，共同解决问题。

全人类共同价值以"全人类"为价值主体，和平、发展、公平、正义、民主、自由是关于全人类的最高价值原则和标准。坚守和弘扬全人类共同价值，使全人类共同价值理念、原则深入人心，激发、促进人们自觉认识自身在全人类整体中的价值、责任和担当，自觉立足于全球立场和世界历史的高度去思考问题、解决问题，推动构建人类命运共同体顺利进行。

三、全人类共同价值推动构建人类命运共同体的制度体系

构建人类命运共同体需要制度保障，需要共同的制度体系、规则体系将人们的行为联结在一起，使人们在实践活动中、在行为上成为命运与共的共同体，保证人类命运共同体目标的实现。

构建人类命运共同体的共同制度体系，应从构建新型国际关系的逻辑来思考，在世界各个国家的共同利益、共同需要的基础上，以全人类共同价值为价值导向，以平等协商方式，构建多元行为主体参与的多边对话机制。只有在坚持和平与发展原则基础上，才能不断完善以和平共处五项原则和联合国宪章为核心的法律制度体系，这是构建人类命运共同体的最基本的制度基础和根基。只有在

坚持公平正义原则基础上，才能推动构建体现平等和尊严的全球治理制度体系。

四、人类命运共同体建设的价值目标和方向

和平、发展、公平、正义、民主、自由，既是人们的行为需要遵守的规则和标准，也是人类社会发展的美好理想和目标方向。从社会发展角度，全人类共同价值和平、发展、公平、正义、民主、自由是人的理想社会的核心内容，是人们对未来社会的向往和追求的最高层次内容。正是从这个意义上说，人类命运共同体不仅是现实共同体，同时也是价值理想共同体，它体现了人们对理想社会的向往和追求，是世界各国和人民的共同愿景。

和平、发展、公平、正义、民主、自由既是衡量人们行为的规则和标准，也是引领人的实践方向的价值指向，是人类命运共同体发展的理想、目标和方向。习近平总书记指出："我们应该大力弘扬和平、发展、公平、正义、民主、自由的全人类共同价值，共同为建设一个更加美好的世界提供正确理念指引。和平与发展是我们的共同事业，公平正义是我们的共同理想，民主自由是我们的共同追求。"① 共同事业、共同理想、共同追求，都是人类命运共同体

---

① 《习近平著作选读》第二卷，人民出版社2023年版，第543页。

的价值理想和价值追求。

人类社会发展犹如旅人之行路，方向问题至关重要。全人类共同价值就是引领人类社会发展、引领人类命运共同体建设的价值目标和方向。在这一伟大原则指引下，人类必将走向更加自由、美好的未来。

—— "新时代新思想标识性概念"丛书 ——

第一辑

《坚定"四个自信"》

《"五位一体"总体布局》

《"四个全面"战略布局》

《新发展理念》

《新常态和供给侧结构性改革》

《总体国家安全观》

《"一带一路"倡议》

《国家治理体系和治理能力现代化》

第二辑

《中国特色社会主义新时代》

《做到"两个维护"》

《脱贫攻坚》

《全面建成小康社会》

《社会主义核心价值观》

《现代化经济体系》

第三辑

《增强"四个意识"》

《坚持党的领导》

《新时代党的自我革命》

《新发展格局》

《百年未有之大变局》

《正确义利观》

《中国特色社会主义乡村振兴道路》

——— "新时代新思想标识性概念"丛书 ———

第四辑

《坚定历史自信》

《牢记"三个务必"》

《中国式现代化》

《伟大社会革命》

《铸牢中国民族共同体意识》

《弘扬全人类共同价值》